Andreas Heusler

Der alemanische Consonantismus

in der Mundart von Baselstadt

Andreas Heusler

Der alemanische Consonantismus
in der Mundart von Baselstadt

ISBN/EAN: 9783743374041

Hergestellt in Europa, USA, Kanada, Australien, Japan

Cover: Foto ©ninafisch / pixelio.de

Manufactured and distributed by brebook publishing software (www.brebook.com)

Andreas Heusler

Der alemanische Consonantismus

DER

ALEMANISCHE CONSONANTISMUS

IN DER

MUNDART VON BASELSTADT

VON

ANDREAS HEUSLER.

STRASSBURG.

KARL J. TRÜBNER.

1888.

VORWORT.

Wenn irgend eine Stadtmundart der deutschen Schweiz dem Verdachte ausgesetzt ist, dass ihre Entwicklung durch fremde Einflüsse gekreuzt worden sei, so ist es die von Basel. Die Einwirkung des Schriftdeutschen, welche auf schweizerischem Boden ja in engere Schranken gebannt ist als anderswo, scheint für Basel doppelt bedrohlich, da sie sich mit der unmittelbaren Nachbarschaft des deutschen Gebietes verbindet. Allein diese beiden Umstände gehen nicht Hand in Hand. Die Landesgrenze ist nicht Sprachgrenze. Im Verkehr mit dem benachbarten Baden und Elsass herrscht von beiden Seiten durchaus die Mundart. Wie viel auch dieser Verkehr seit Alters in das Werden unsers Stadtidioms mag eingegriffen haben: Einflüsse von dieser Art sind untrennbar vom sprachlichen Leben überhaupt; was unter Einflüssen von dieser Art sich herangebildet hat, ist nicht minder naturwüchsige Volksmundart als die Sprache eines eingeengten Alpentales.

Die Stellung der Mundart zu der deutschen Schriftsprache ist daher für Basel nicht anders zu beurteilen als für die andern grössern Städte der deutschen Schweiz; sie wird durch die nämlichen Faktoren bedingt: Schule, Lektüre, die entwickeltern Formen der politischen und socialen Öffentlichkeit sowie der häufigere Verkehr mit Ausländern bringen dem Städter die Schriftsprache nahe, während als Umgangssprache in den Privatkreisen aller Stände die Mundart unbe-

stritten waltet. Diese unverkümmerte Ausbreitung der Volkssprache über alle Schichten der Gesellschaft wird nur möglich durch die festere Ansässigkeit, die geringe Freizügigkeit,
welche dem schweizerischen Stadtbürger, und dem Basler
nicht zum Mindesten, eigen ist, und welche ihrerseits zum
guten Teile in unsrer cantonalen Selbstverwaltung ihren
Grund hat.

Gleichwohl ist der Einfluss, welchen die Schriftsprache
von der oben bezeichneten Gebrauchssphäre auf die Mundart
ausübt, recht erheblich. Allein er äussert sich, soviel wir
sehen können, ausschliesslich in dem Herüberholen fremden
Sprachgutes. Wort- und Satzbildung, vor Allem aber der
Wortschatz werden durch die Schriftsprache angegriffen.
Dieser Seite der Sprache gilt die oft wiederholte Klage der
ältern Generation, dass die Jugend nicht mehr gut baseldeutsch spreche; sie rügt es, dass man *sehr, immer, damals,
schnell, bequem, Bild, Fett, Schmetterling* zu hören bekomme
anstatt der allein richtigen *gar* oder *recht, allewil, selbetsmol,
gschwind, kummlig* oder *kumód, Helge, Faisti* oder *Schmutz,
Summervogel.*

Aber nicht immer ist die Entlehnung so offenkundig
und dem unverdorben mundartlichen Gefühl so empfindlich
wie hier. Bei manchem Worte hegt selbst der 'gute Basler'
Zweifel, ob es als altheimisches oder als zugedrungenes zu
betrachten sei. Und in der That ist auch das urwüchsigste
Baseldeutsch von heute, welches von dem verstärkten Einwirken des Neuhochdeutschen in den letzten Jahrzehnten
unberührt geblieben, seinerseits schon genugsam abgewichen
von dem Sprachschatz der ältern Zeiten. Dies zeigt ein
Blick auf jenes gehaltreiche Idioticon Rauracum, in welchem
um die Mitte des vorigen Jahrhunderts Johann Jacob Spreng
den Basler Wortschatz aufgezeichnet hat. Dies zeigt noch
deutlicher das Glossar,[1] in welchem im Jahre 1523 der Buch-
drucker Adam Petri einer Anzahl unverständlicher Ausdrücke
der Luther'schen Bibelsprache die mundartlichen Entsprechungen gegenüber stellte. Wir werden hiedurch aufs Beste

---

[1] Seinen Inhalt bespricht auführlich Socin, Schriftsprache und
Dialekte (1888) S. 238 ff.

belehrt, in wie weit wir überhaupt von mundartlicher Rein-
heit des Wortschatzes sprechen dürfen. Auch seitdem die
Gemeinsprache besteht, hört der Verkehr, der gegenseitige
Austausch zwischen den Dialekten nicht auf. Und selbst
was aus der Schriftsprache, der Büchersprache aufgenommen
wird, kann so tief eindringen, dass es zuletzt als mundartliches Sprachgut anerkannt werden muss. Wenn man bei
modernen romanischen Lehnwörtern wie *kumód* 'commode',
Barebli 'parapluie', *Niesse* 'nièce' nicht ansteht sie als voll-
giltige Bestandteile der Volkssprache zu betrachten, so muss
auch die Grenze, die zwischen den altmundartlichen und den
zugeströmten neuhochdeutschen Wörtern vormals zu Recht
bestand, in dem einen und andern Falle preisgegeben werden.
Immerhin wird die Lautforschung, ungewiss, ob jene Neulinge
sich den mundartlichen Lautgesetzen völlig anbequemt haben,
sich mit Vorsicht auf diesem Gebiete bewegen.

Die genannten Schriftstücke, die uns über den Wortschatz der Basler Mundart zu Anfang des 16. und zu Mitte
des 18. Jahrhunderts belehren, versagen uns eine gleich zu-
verlässige Auskunft über den damaligen Lautstand. Spreng
bemüht sich zwar gelegentlich, den lautlichen Feinheiten gerecht zu werden. Doch ist er meist von der Schreibweise
der ältern Denkmäler, die er fleissig benutzt hat, abhängig
und zeigt sich überdies von der Existenzberechtigung der
mundartlichen Lautform der Schriftsprache gegenüber nicht
so überzeugt wie die moderne Dialektforschung. Soweit seine
unvollkommene und ungleichmässige Schreibung, die sich des
gewöhnlichen Buchstabenmaterials bedient, uns zu einem
Schluss ermächtigt, können wir annehmen, dass das Lautliche
unsrer Mundart seit jenen Tagen sich gleich geblieben ist.
Auch heute erstreckt sich die oben berührte Ausartung
des jüngeren Geschlechts keineswegs auf die Aussprache.
Wo die Mundart sich so ungehemmt vererbt, wo die
Kinder bis zu den Schuljahren keine andern Laute lernen
als die mundartlichen, da gewinnt das sprachliche Bewegungsgefühl diejenige einseitige Sicherheit, welche durch
die spätere Bekanntschaft mit dem Neuhochdeutschen schwer
mehr erschüttert werden kann. Die Gemeinsprache, mit

der heimischen Operationsbasis gesprochen, kann nicht mehr zersetzend auf die feinen Schattierungen der mundartlichen Sprachelemente einwirken. Aber auch eine mehr äusserliche und bewusste Verdrängung mundartlicher Laute und Lautgruppen durch die entsprechenden schriftdeutschen wird erschwert wo nicht unmöglich gemacht: das 'Hoch- oder Gutdeutsche' stellt sich dem Basler zu sehr als ein getrenntes, neu zu erlernendes Idiom dar, als dass sich ihm die Grenze zwischen Dialekt und Schriftsprache unversehens verwischen könnte; und das Ansehen der Mundart als alltäglicher Umgangssprache ist ein so gesichertes, dass zu absichtlicher Umgehung ihrer Lautform keine Veranlassung ist.

Auf Grund dieser Thatsachen und Erwägungen dürfen wir getrost annehmen, dass an der Entwicklung der Lautform unsres Idioms die neuhochdeutsche Schriftsprache keinen Teil hat. Ein Fall, wie ihn Stickelberger für die Mundart von Schaffhausen nachweist: dass das mundartlich entwickelte *a* in manchen, grossenteils völlig volkstümlichen Wörtern wie *Kleider, Zeichen, Meitli, meist* der Schriftsprache (allerdings zugleich auch dem 'Gemeinschweizerischen') aufgeopfert und durch *ei* ersetzt wird, lässt sich für unsren Dialekt nicht auffinden. — Noch Eines ist hiebei zu erinnern. Wenn in mundartlicher Rede bisweilen *Wolke* für das heimische *Wulke*, *Kenig* für *Kinig* ('König'), *Hirsch* für *Hirz*, *Obscht* für *Obs* ('Obst') gesprochen wird, so ist dieser Vorgang prinzipiell nicht als Beeinflussung des Lautmaterials anzuerkennen: nicht das *u*, das *z* der Mundart wird zu *o*, zu *sch*, sondern die fremden Wörter mit *o*, mit *sch* werden herübergeholt — wo es nötig ist, mit Ersetzung der nicht geläufigen Laute — und verdrängen die einheimischen Wörter mit *u* und *z*. Auch hier also Beeinflussung des Wortschatzes.

Nun gilt es allerdings die Betrachtung der mundartlichen Lautgesetze nicht auf derartige Eindringlinge zu begründen. In den meisten Fällen lässt dem Angehörigen der Mundart ein gewisser Instinkt keinen Zweifel übrig, in welcher der beiden Formen er die echt mundartliche zu erblicken hat. Mitunter kann nur der Sprachgebrauch der älteren Generationen, welcher sich freier von jenen Fremdlingen erhalten hat, die Entscheidung geben. In diesem Sinne ist auch Spreng recht wertvoll. Auch die vergleichende Zuziehung des gemeinschweizerischen Wortvorrates ist gelegentlich zur Beglaubigung einer mundartlichen Form von Nutzen, ohne dass man sich doch von jenem die Grenze des Eigenen zu eng oder zu weit dürfte ziehen lassen.

In den vorliegenden Lautuntersuchungen haben wir daher nur im Hinblick auf Zuverlässigkeit des Wortmateriales mit dem Einfluss der Schriftsprache zu rechnen.

Was uns die ungestört mundartliche Entwicklung unserer Lautform am untrüglichsten verbürgt, ist die Stellung der Basler Mundart im Zusammenhang der umgebenden Dialekte. Von den grössern lautlichen Erscheinungen, die uns in der Stadt entgegen treten, hat jede einzelne ihre Entsprechung in der einen oder der andern der benachbarten Landmundarten: nur ihre Verbindung zum Ganzen scheint sich nirgends gerade so wiederzufinden. Einzig die Aussprache des r und was in ihrem Gefolge geht, ist meines Wissens alleiniges Eigentum unsrer Stadtmundart, und dies wahrscheinlich schon seit sehr langer Zeit. Auch Klein-Hüningen, welches im Allgemeinen von allen umliegenden Ortschaften am Nächsten zur Stadt stimmt, weicht hierin von ihr ab und teilt das stimmhafte Zungen -r mit dem ganzen übrigen Gebiet.

Basel gehört einem Landstrich an, der von einer ganzen Anzahl wichtiger Sprachgrenzen [1] durchschnitten wird — es hat desshalb keinen grossen Wert, die Stadt einer bestimmten Unterabteilung des Alemanischen einzuordnen: — dennoch ist seine Lautform so einheitlich entwickelt, als es wohl in einer verkehrsreichen Stadt von 70 000 Einwohnern überhaupt möglich ist. Zwar kann das geübte Ohr den Bewohner der verschiedenen Vorstädte, sogar gewisser Gegenden der innern Stadt an seiner Sprache heraushören. Doch bildet die Summe dieser Spielarten — sie liegen grossenteils in dem musicalischen Element der Sprache — immer noch eine Einheit den Mundarten draussen gegenüber. So steht es auch mit den Besonderheiten der verschiedenen Stände. Man beobachtet

---

[1] Vergleiche darüber unten § 7 Anm., §§ 33, 40, 55, 81, 88[2]), 102.

hier wie vermutlich auch anderswo, dass *a* und *e* von den niedrigern Ständen eine leise Schattirung offener gesprochen werden als von den höhern — zahllose Ausnahmen im Einzelnen vorbehalten. Trotzdem wird der Stadtbasler an dem ersten Satze schon seinen Sprachgenossen erkennen. Individuelle Ungleichheiten hinsichtlich einzelner Wortformen fallen weniger ins Gewicht; ich habe sie im Folgenden zum Teil erwähnt; Manches wird mir entgangen sein: ich kann daher bei dem verwerteten Wortmateriale nur verbürgen, dass es, und zwar von 'guten Baslern', gesprochen wird, nicht aber, dass es von Allen gesprochen wird.

Die Frage, ob gegenwärtig unsre Stadtmundart im Flusse einer lautlichen Entwickelung begriffen sei, wird nahegelegt durch den bemerkenswerten Umstand, dass der Diphthong *au* nicht einheitlich vertreten ist. Während der alte Diphthong (mhd.) *ei* als *ai* von dem .neuentstandenem *ǫi* durchweg des Bestimmtesten unterschieden wird, lassen Viele das mhd. *ou* und den aus mhd. *û* vor Vocal entwickelten Diphthong in *ǫu* zusammenfallen. Andre unterscheiden auch hier: *ǫu* (= mhd. *ou*) und *əu* (= mhd. *û*). Ich muss darauf hinweisen, weil ich im Folgenden meiner eigenen Aussprache gemäss für beide Laute einheitliches *ǫu* schreibe. Es bleibt zu ermitteln, wie die verschiedenen Altersstufen und vornehmlich die umliegenden Mundarten sich zu dieser Spaltung stellen. An Einfluss der Schriftsprache kann nicht gedacht werden: für solche lautliche Feinheiten ist die Gemeinsprache als bestimmende Norm schlechterdings nicht vorhanden. Sie kennt zwar für die beiden *au, ei* und die beiden *e* (*ǫ* und *ę*) nur éin Zeichen; doch lässt sich dadurch Niemand hindern, die beiden Schattierungen zu unterscheiden, wenn er es von seinem Dialekt her gewöhnt ist. So hören wir auch von allen denjenigen, welche in unsrer Mundart *ǫu* und *əu* auseinanderhalten, beim Schriftdeutschsprechen regelmässig *tǫub*, *lęufen* aber *Təube, Həufen* u. s. w.

Bei dem Streben, die Verhältnisse der lebenden Mundart an die ältern Sprachperioden anzuknüpfen, war die Benutzung der Urkunden, Rechtsquellen, sodann der litterarischen Denkmäler des 16. Jahrh., die sich für Basel so reichlich vorfinden, geboten. Den Herren Staatsarchivar Dr. Rudolf Wackernagel und Oberbibliothekar Dr. Ludwig Sieber, welche mir ungedrucktes Material gütig zur Verfügung stellten, spreche ich an dieser Stelle aufrichtigen Dank aus.

Eine auch nur annähernd vollständige Zuziehung dieses historischen Materials habe ich nicht beabsichtigt. Ich erhielt den Eindruck, dass die mundartliche Darstellung, jemehr sie die rein lautliche Seite ins Auge fasst, den schriftlichen Quellen gegenüber sich leicht in einer schiefen Stellung befindet: sie gelangt in der Regel dazu, aus dem lebenden Dialekt die Sprache oder Schreibweise eines alten Denkmals zu erklären, während doch das Umgekehrte bezweckt wird. Andrerseits kann sich doch Manches ergeben, was zumal für die zeitliche Bestimmung der Sprachvorgänge von Wert ist. Inwieweit ich mit der Anbringung des gesammelten Materials die richtige Mitte getroffen habe, mögen andre entscheiden.

Noch ein Wort über die Anordnung. Für die consonantischen Erscheinungen, welche ich im ersten Kapitel bespreche, empfahl sich die Loslösung von der einzellautlichen Reihenfolge. Dass ich als weitern Abschnitt die Quantitätsgesetze habe folgen lassen, wird sich rechtfertigen durch die gegenseitige Abhängigkeit, welche wir zumal in unsern dehnenden Mundarten zwischen der Consonantenstärke und der Vocal- und Silbenlänge herrschen sehen. Diese zwei ersten Abschnitte sind zu Anfang dieses Jahres als Freiburger Dissertation erschienen. — Bei der Behandlung der einzelnen Consonanten habe ich mich nicht entschliessen können, mich an eine der beiden Methoden zu binden, die man gewöhnlich befolgt: entweder consequent von den Einzellauten der lebenden Mundart oder aber von den Lauten (resp. Buchstaben) einer ältern Periode auszugehen. Während beim Vocalismus die letztere Anordnung den Vorzug verdient, fällt es beim Consonantismus schwer, die Entwicklungsstufe zu wählen, auf welche mit Vorteil zurückzugehen ist. Manchen Vorgang wünscht man bis ins Urgermanische zu verfolgen: so den

Gegensatz geminierter und ungeminierter Verschlusslaute;
bei andern Lauten, wie beim idg. *s*, würde das Zurückgreifen
auf das Germanische eine unübersichtliche Zersplitterung des
mundartlich Zusammengehörigen herbeiführen. Die verhält-
nismässig einfache, durchsichtige Beziehung des mundartlichen
Consonantismus zu dem des Altoberdeutschen erlaubt um so
eher, von dem strengen Schema abzuweichen. Vor Allem
leitete mich die Absicht, die Mundart im Kreise ihrer Verwandten zu characterisieren, in dem, was ihr mit den andern
gemein ist und was sie von den andern trennt. Dabei musste
ich denn Manches anders einreihen, als es bei rein historisch
vorschreitender Darstellung geschehen wäre.

Die Schilderung des alemanischen Sprachtypus, welche
Winteler uns gegeben hat, kann und muss auch für die
Darstellung der Basler Mundart die Grundlage bilden. Dies
umsomehr, als gar Vieles, was jetzt jene hochalemanischen
Alpensprachen von Baselstadt abhebt, einstmals auch unsrer
Mundart zu eigen war. Und noch immer gehört Basel mit
jenen zusammen dem oberalemanischen Gebiete an, welches
im Gegensatz zum Elsässischen, zum Niederbadischen wie
auch zum Schwäbischen die Unterscheidung der inlautenden
Lenis und (geminierten) Fortis bei Verschlusslauten, Reibelauten, Sonorlauten durchführt, während die consonantische
Abstufung nach Inlaut und Auslaut ihm fremd ist.

Über einige benachbarte Mundarten des elsässisch-
badischen Rheintales konnte ich mir auf mündlichem und
brieflichem Wege Angaben verschaffen, für deren Zuverlässigkeit ich glaube einstehn zu können. — Als Material-
sammlung aus dem Basler Dialekt thut das Wörterbuch von
Seiler gute Dienste — genauere Scheidung zwischen Stadt-
und Landwörtern vorausgesetzt.

Ich schliesse mit herzlichem Danke an Herrn Professor
Winteler in Aarau, der mir über etliche Punkte seiner Mundart aufs Bereitwilligste Auskunft geschenkt hat.

Basel, April 1888.

Andreas Heusler.

VERZEICHNIS DER DUNKLERN ABKÜRZUNGEN.

Alem. (als Citat) — Birlingers Alemannia.

Andr. Ryff — Selbstbiographie des Andreas Ryff, 1592 verfasst, und
  Briefe von demselben aus dem Jahr 1594, ed. Wilhelm Vischer in
  den Beitr. zur vaterländischen Geschichte, herausg. von der
  histor. Gesellschaft in Basel, Bd. 9 (1870) S. 37 ff.

Bachmann — Beiträge zur Gesch. der schweiz. Gutturallaute von Albert
  Bachmann. Zürich 1886.

Bld. — Der Kanton Baselland und seine Mundart.

Brandstetter — Die Zischlaute der Mundart von Bero-Münster von
  Renward Brandstetter, im Geschichtsfreund Bd. XXXVIII 1883.

Bst. — Baselstadt und seine Mundart.

FP. — Eine Sammlung von Gedichten verschiedener genannter und
  ungenannter Verfasser, worunter besonders anziehend die der
  Baslerin Dorothea Gemuseus, zusammengestellt von Dr. Felix
  Plater um das Ende des 16. Jahrh. 1 Bd. fol Ms. sub A. G.
  V. 30. auf der Universitätsbibliothek Basel.

Franz — Die lat.-roman. Elemente im Ahd. von W. Franz. Strassburg
  1884.

Fr. Ryff — Die sog. Chronik des Fridolin Ryff 1514—1541, herausgegeben durch Wilhelm Vischer in den Basler Chroniken Bd. I 1872.

Herrmann — Die deutsche Sprache im Elsass von A. Herrmann, Pro-
  gramm. Mülhausen 1873.

Hunziker — Aargauer Wörterbuch in der Lautform der Leerauer
  Mundart von J. Hunziker. Aarau 1877.

Id. — Schweizerisches Idiotikon, Frauenfeld I 1881, II 1885 ff.

JM. — Das Idiom von Bero-Münster (Kanton Luzern) vgl. Brandstetter.

K. — Die Mundart von Kerenzen (Kanton Glarus) vgl. Winteler.

Kolross — Enchiridion etc. Durch Joannem Kolross, tütsch Leermeystern
  zu Basel. MDXXX. Nach der Ausgabe von Johannes Müller,
  Quellenschriften und Gesch. des deutschsprachl. Unterrichtes.
  Gotha 1882.

L. — Die Mundart von Leerau (Kanton Aargau) vgl. Hunziker.

Ma., Maa. — Mundart, Mundarten.

Mankel — Laut- und Flexionslehre der Mundart des Münsterthales im Elsass von W. Mankel. Strassburg 1886.

P. G. — Pamphilus Gengenbach, herausgegeben von Karl Goedeke. Hanover MDCCCLVI.

R. q. — in Basler Rechtsquellen belegt; sie sind herausgegeben u. d. T. Rechtsquellen von Basel Stadt und Land. Erster Teil. Basel 1856.

S. — Die Mundart der Stadt Schaffhausen vgl. Stickelberger.

Seiler — Die Basler Mundart. Ein grammatisch-lexikalischer Beitrag zum schweizerdeutschen Idiotikon, zugleich ein Wörterbuch für Schule und Haus von G. A. Seiler. Basel 1879.

Spreng — 'Idioticon Rauracum oder Basel. Wörterbuch' von Johann Jacob Spreng, verfasst um 1760, 1 Bd. fol. Ms. sub A. A. I 3 auf der Universitätsbibliothek Basel. (Das Nähere darüber siehe bei Socin, Alemannia XV [1887] S. 185 ff.)

St. — Versuch eines schweizerischen Idiotikon von Franz Joseph Stalder, 2 Bde. Aarau 1812.

Stickelberger — Lautlehre der lebenden Mundart der Stadt Schaffhausen von Heinrich Stickelberger. Teil I (Leipziger Diss.). Aarau 1881.

T — Die Mundart von Toggenburg (Kanton St. Gallen) nach Winteler KM.

urk. — in Basler Urkunden belegt; es wurden benutzt: ungedruckte Originalien und Abschriften auf dem Staatsarchiv Basel; gedruckte in W. Arnold, zur Geschichte des Eigentums in den deutschen Städten, mit Urkunden. Basel 1861; H. Boos, Urkundenbuch der Landschaft Basel, 3 Teile. Basel 1881, 83; J. Trouillat, Monuments de l'Histoire de l'ancien évêché de Bâle, I. Porrentruy 1852.

Winteler (KM.) — Die Kerenzer Mundart des Kantons Glarus in ihren Grundzügen dargestellt von J. Winteler. Leipzig und Heidelberg 1876.

ÜBERSICHT DER LAUTZEICHEN.

Consonanten.

1. Verschlusslaute: Lenes *b d g*
   (hauchlose) Fortes *p t k*
   Aspiratae *p' t' k'* ⎫
2. Reibelaute: Lenes *f s š r* ⎬ Stimmlos
   Fortes *ff ss šš χ* ⎭
3. Sonore Consonanten ohne Eigengeräusch:

   Lenes *m n ŋ* ⎫
   Fortes *mm nn ŋŋ* ⎬ (nasale Verschluss- ⎫
   Sonantisch *ṃ ṇ [ŋ]* ⎭ laute).   ⎬
   Lenes *l; w j* ⎫   ⎬ Stimmhaft
   Fortis *ll* ⎬ (reducierte Reibelaute) ⎭
   Sonantisch *ḷ* ⎭

   (vgl. dazu die §§ 10, 27).

Vocale.

1. einfache *ụ u, ṳ u, ọ [ọ], ǫ ǫ, ā a, ę ę, ē e, ẹ [ẹ], ị i, ī i; ə*.
2. Diphthonge *ai, ęi; ęu; io, ịə*.
3. Stimmloser Vocal *h*.

(Der untergesetzte Punkt bedeutet geschlossene, der untergesetzte Haken offene Aussprache des Vocals; das unbezeichnete *e* ist eine mittlere Schattierung zwischen *ę* und *ẹ*; Strich über dem Vocalzeichen bedeute Länge.)

Die eingeklammerten Laute kommen nur im Satzzusammenhang vor.

KAPITEL I

LENIS UND FORTIS.

§ 1. Die Erscheinungen, welche für den Consonantismus der obern alem. Mundarten wesentlich sind: Das Fehlen stimmhafter Verschluss- und Reibelaute, das Vorhandensein stimmhafter Consonanten ohne Eigengeräusch und das Wesen von Lenis und Fortis sind durch Winteler K. M. S. 18 f. klar gestellt worden. Die physiologischen Grundlagen, auf welchen sein Dialekt sich aufbaut, gelten in der Hauptsache auch für Bst. Doch hat sich hier vielfach Abweichendes herausgebildet. Betrachten wir zunächst die Abstufungen der Stärke, das Verhältnis von Lenis und Fortis.

Vorausgeschickt sei die Bemerkung, dass die übliche Teilung in (Wort- oder Silben-) An-, In- und Auslaut im Folgenden nicht am Platze ist, dass wir vielmehr unterscheiden müssen 1. die Stellung unmittelbar v o r einem starktonigen Sonanten d. h. durch keinen Sonanten von ihm getrennt; 2. die Stellung unmittelbar n a c h einem solchen; 3. die um mindestens eine Silbe von dem starktonigen Sonanten abliegende Stellung. Dabei braucht der Starkton nicht ein Wort- oder Satzaccent ersten Grades zu sein. Wenn Kürze halber hiefür die geläufigen Namen anlautend, inlautend und schwachtonig gebraucht werden, so sind sie stets in dem hier bezeichneten Sinne zu fassen. Wir berücksichtigen vorerst, wenn nicht ausdrücklich das Gegenteil angegeben ist, bloss die etymologisch einfachen Laute, nicht die als Sandhiprodukt entstandenen.

§ 2. Die Abstufung von Lenis und Fortis beschränkt sich bei den Sonor- und Reibelauten auf den Inlaut: im Anlaut herrscht ausschliesslich die Lenis. Dies hat Bst. mit den schweizerischen Mundarten im eigentlichen Sinne, als deren Vertreter wir K nehmen, gemein. Bei den Verschlusslauten dagegen kennt K anlautend wie inlautend Lenes und Fortes in gegensätzlicher Verwendung.

Darin liegt zum Teil eine Abweichung von dem Lautstande, wie er nach Vollziehung der zweiten Lautverschiebung vorlag. Inlautend standen schon damals die gedehnten *pp*, *tt*, *kk* und das aus germ. *đ*, *d* verschobene *t* als Fortes den Lenes *b*, *d*, *g* gegenüber. Anlautend aber war dem Alem. in seinen Erbwörtern nur eine uncomponierte Fortis, die dentale, geblieben. (Über die Schreibungen *p*, *k* in obd. Denkmälern s. Paul, Beitr. 7, 126, Braune, ahd. Gramm. § 88 Anm. 2.)

Die Lehnwörter, welche in dem ersten Zeitraume nach der Verschiebung aufgenommen wurden, substituierten der romanischen anl. Tenuis *p*, *c* und Media *b*, *g* unterschiedslos die heimische Lenis *b*, *g* (Franz, S. 13 f., Braune, ahd. Gramm. § 133 Anmerk. 3; Franz will S. 30 die Verschiebung von *c* durch *g* als Ausnahme betrachten; aber wir haben keinen Grund, für *c* eine andere Behandlung als für *p* anzunehmen: wir werden das *k* der Lehnwörter gleich dem der Erbwörter als Schreibung für die Lenis zu nehmen haben). Wir dürfen aus diesem Zusammenfallenlassen der beiden Laute schliessen, dass dem Alem. damals das Bewegungsgefühl für die Unterscheidung labialer und gutturaler Fortis und Lenis im freien Anlaut abgieng.

Anmerkung. Dass es auch analoge Fälle einer Vermengung von anl. *d* und *t* der Fremdwörter gebe, ist von vornherein unwahrscheinlich, weil das Obd. diese Laute in den Erbwörtern unterschied. Die heutigen Mundarten versagen Auskunft darüber, weil kein alem. Dialekt mehr altes *d* und *t* im Anl. auseinanderhält. Ein Fall wie *tictôn* (Franz, S. 9) scheint mir die Substitution des *d* durch *t* nicht zu beweisen, da die Aufnahme des Wortes leicht vor die Lautverschiebung fallen, und das *ct* einer späteren Annäherung an das rom. Wort entspringen kann.

Winteler (S. 56, 57) führt ausser den Wörtern, deren Entlehnung man in jene alte Periode setzen wird, wie *bçχχ*, *blåg, blatæ; grÿšš, gÿrbœ* (zu curvus) andere an, deren Aufnahme in weit spätere Zeit fallen muss: *brāmi̧* (zu praemium), *bi̧œsœ* (zu pièce); *gamfɛr* (zu camphora), *göllɛr* (zu mhd. collier). Diese Wörter beweisen, dass auch in der spätern Zeit noch der Sprechende gern die ungewohnten *p, c* durch seine gewohnten *b, g* ersetzte.

§ 3. Daneben jedoch tritt nun eine Schicht von Lehnwörtern, welche die fremden Fortes erhalten haben (Winteler ib.): *plats, papi̧ɛr; klǫkœ, kųmpɛni̧* u. a. (Siehe auch L. Tobler, Zs. f. vgl. Sprachf. 22, 132 f.) Es sind teils ganz junge, teils ältere Entlehnungen. Sei es, dass diese Wörter (bes. die jüngern) mündlich importiert wurden und ihre Fortis eben dem Umstand verdanken, dass sie 'von Ohr zu Ohr aus dem Welschland herkamen', indem man den gehörten Unterschied zwischen der welschen Tenuis und der heimischen Lenis in der Aussprache zu berücksichtigen sich bemühte; sei es, dass sie (besonders die ältern) aus der Schrift aufgenommen wurden, und dass die Schriftkundigen, welche die Vermittlung bildeten, den gegensätzlichen Schriftzeichen *b-p, g-c* gerecht zu werden suchten: auf jeden Fall haben wir es mit einem Eindringen von Lauten zu thun, welche in dieser Wortstellung der Sprache ursprünglich unsprechbar waren.

Anmerkung 1. Bei der Ausbildung dieses neuen Bewegungsgefühles spielten gewiss die Fortes eine Rolle, welche aus der Verschmelzung von Lenis + Vokal in éinen Laut hervorgehen mussten, wie dies in *p-, k-* aus *be-, ge-* vorliegt (KM 117).

Anmerkung 2. Wenn Notker *bina* hat, die heutigen Mundarten aber *pi̧*, so liegt wohl spätere Anlehnung des einmal aufgenommenen Wortes an das rom. vor. Dies konnte leicht z. B. von Seite der Geistlichen geschehen, welche die Entlehnung vermittelten, und welchen der Zusammenhang der beiden Wörter bewusst war. In zahlreichen Fällen wird man dies annehmen müssen.

§ 4. Der genannte Vorgang war gemeinalemanisch, wurde also auch von Bst. geteilt. Die Denkm. zeigen neben den Wörtern mit *b: bermender* 1303 (pergamenter), *hinder der blatun* 1281, *Bratteler* 1293 (von dem n. l. Brattelen aus pratellum), die mit *p: probest priester, Peter, Petermann*; neben *zer gloggen* 1319, *gremper* 1328 (zu crompare, comprare): *closter, Clar, crütze.*

Anmerkung. Dagegen sind die vor Voc. erscheinenden *k* für Bst. als Aspiraten aufzufassen (s. u. § 61): *kemyn, kelner, korherre.*

Der Bestand der anl. Fortes war aber in Bst. vermehrt, indem neben den lehnwortlichen *p, k* und der Menge der ererbten oder entlehnten *t* eine weitere Fortis *k* vorhanden war, die Vertreterin von germ. *k* vor *l, r, n, w*, an deren Stelle jene hochalem. Mundarten die Reibelautlenis χ haben (vgl. u. § 61).

§ 5. Diese sämtlichen anlautenden Fortes erfuhren in Bst. Schwächung zur Lenis und fielen mit den alten anl. Lenes unterschiedslos zusammen. Die Ma. spricht also:

a) *bẹtǝr* n. pr. urk. *Peter, bår* urk. *par, bapǝlǝ* mhd. *papel, bẹmmsḷ* mhd. *pẹnsel* 'Pinsel', *brǫpšt* urk. *probest*;

glọštǝr urk. *closter, glås* 'Talenge' mhd. *klûse, grịts* urk. *criutze, gwaχtịǝr* 'Quartier'.

b) *dǫɔ, dọ* mhd. *tuon, tån, dīχḷ* 'Röhre an Wasser- leitungen' mhd. *tiuchel, dǫlldǝr* 'Baumwipfel' mhd. *tolder, drịbḷ* 'Traube' mhd. *triubel, drǫtǝ* 'Kelter' mhd. *trote, drụǝlǝ* 'verschütten, übergiessen' zu mhd. *trüel* 'Weinpresse', Stalder *trüelen* 'pressen, keltern'.

c) *graiḷ* 'Klaue, Kralle' mhd. *kröuwel, grẹsmǝ* 'klettern' zu mhd. *krēsen* 'kriechen' s. St. 2, 129, *grọm* 'Geschenk eines von Reise oder Einkauf Zurückkehrenden' mhd. *kråm, grẹblǝ* 'kratzen' nach Ausweis der hochalem. Dial., welche *ch*-haben (St. 2, 123), nicht zu graben, vielleicht zu mhd. *krappeln, kribeln* (vgl. DWb. V 2067), vgl. auch mhd. *krëbekatze* mit der in Bst. häufigen Verbindung *grẹbḷḱats* 'kratzlustige Katze';

glepfǝ 'knallen' mhd. *klepfen, glụkǝr* 'kleine Spielkugel' mhd. *klucker* 'globus', *glīslǝ* 'flüstern' bld. *chlüsle*, vielleicht zu mhd. *kliuselen* 'streicheln, hätscheln, schmeicheln' mit dem gemeinsamen Begriff des Zarten, Sanften;

gnọdǝ, dem. *gnẹdlị* 'Knöchel' mhd. *knode, gnǫpf* 'Knopf, Knoten' mhd. *knopf, gnẹi* 'Knie' mhd. *kniu*, dazu *gnẹilǝ* 'knien' vgl. mhd. *knielen*, lautlich entspräche *kniuweln*;

gw ist mir in Erbwörtern nicht bekannt.

Anmerkung. Dieser Lautwandel scheint um den Ausgang des 15. oder Anfang des 16. Jahrhunderts eingetreten zu sein. Erst nach

1500 zeigen sich in den Denkmälern Schwankungen zwischen *d* und *t*. Gleichzeitig übt aber schon die Gemeinsprache auf die Schreibung ihren Einfluss, sodass die Setzung *d* für schriftdeutsches *t* und umgekehrt nicht weitern Umfang gewinnt. Vgl. Weinhold, al. Gr. S. 142.

§ 6. Dass es nur die Fortis im Anlaut einer Starktonsilbe ist, welche der Schwächung unterliegt, zeigen besonders deutlich die Wortstämme, bei welchen verschiedene Accentstellung entsprechend verschiedene Behandlung des Lautes veranlasst hat: *depįg* 'Teppich' aber *dabęta* 'Tapete', *ƙepąlį* 'kl. Kapelle auf der Rheinbrücke' aber *ƙabęlla* 'Kapelle' schlechthin; *sųnntįg* 'Sonntag' aber *tsmįddg* 'Mittags', *špįtļ* 'Spital' aber *ƙįnndər-špįddl* 'Kinderspital', *sanntį hanns* 'St. Johann' ein Quartier Basels, aber *tsədallbə, tsədliənəxt, tsədmąxtį* 'zu St. Alban, zu St. Leonhard, zu St. Martin' aus *ze sant* —, urk. 1293 *zant Martins mes;*

Vgl. ferner: *ƙabįtļ* 'Kapitel', *ladęrnə* 'Laterne', *ladįnįš* 'lateinisch', *ƙadǫlįš* 'katholisch', *fladiərə* 'flattieren', das nicht mundartliche schmeicheln ersetzend, alle mit Schwächung vor der Starktonsilbe.

Bedingung für unsere Fortis ist es eben, dass sie sich an eine vorausgehende Silbe anschliesse, welche mit starker Exspiration hervorgebracht wird. Wenn nun in einigen Lehnwörtern wie *bapįr* 'Papier', *ƙųnntǫr* 'Comptoir', *gųkųmmərə* 'Gurke' aus it. *cocomero* Fortis vor der Haupttonsilbe gesprochen wird, so ist es der relativ kräftige Ton der vorausgehenden Silbe, welcher ihre Schwächung verhindert. Würde die erste Silbe von *bapįr* mit ebenso schwacher Betonung gesprochen werden wie die von *ƙabįtļ*, so müsste dort auch das *p* zu *b* herabsinken.

§ 7. Auch in den modernsten Entlehnungen aus dem Französischen ist es der Ma. nicht möglich, dessen anlautende Fortes zu halten: *bariərə* 'parieren', *bálltǫ* 'Paletot', *dámmbər* 'Tambour', *dǫrnįštər* 'Tornister', *gádər* 'cadre', *gųsįnə* 'Cousine', *gųsįnə* 'Cousin' (jenes allgemein, dieses nicht selten an Stelle der erbwortlichen *bęsį* 'Base', *fetər* 'Vetter'): auch wenn man letzteres Lehnwort so nahe an sein franz. Original anlehnt, dass man es mit Nasalvocal in der Endsilbe spricht, wird man doch immer im Anlaut die Lenis sprechen.

Was also einmal als historisches Gesetz in die Sprache

eingegriffen hat, ist seither ein lebendiger Faktor in ihr geblieben: die Unfähigkeit, im freien Anlaut starktoniger
Silben eine Fortis zu sprechen. In Bst. hat demnach für
sämtliche Cons. die Regel Statt: die Abstufung nach den
beiden Stärkegraden findet sich nur im Inlaut.

Anmerkung. An der besprochenen Erscheinung nimmt ein an-
grenzender breiter Streifen des hochalem. Gebietes, südwärts und nordwärts des Rheines, Teil, u. a. auch die Mundarten des Kantons Baselland. — Sehr auffallend ist dagegen, dass jene zahlreicheren Schweizerdialekte, welche die anl. Fortes nicht beseitigt haben, noch einen Schritt
weiter gegangen sind und die Masse der alten anlautenden *d* zu *t* verschoben, den alten Fortes *t* gleichgemacht haben. Sollte bei ihnen die
allgemeine Sprachentwicklung auf Steigerung der Exspiration gedrungen haben? Warum sind dann aber die anl. *b*, *g* nicht gleichfalls
zu *p*, *k* geworden? Und vor Allem, warum sind eine beschränkte Anzahl der *d*-Anlaute (Beispiele K. M. S. 64, Hunziker S. LXXIX) der
Schärfung entgangen? — Diese Umstände lassen die Vermutung zu,
dass auf analogischem Wege die alten *d* mit den *t* vermischt wurden.
Notker hat bekanntlich das *t* = germ. *d* constant, unabhängig von
seinem Anlautsgesetz, als *t*; das *d* = germ. *þ* wird wie *b* und *g* behandelt, fällt unter gewissen Sandhibedingungen mit jenem *t* zusammen.
Nach diesen Fällen formte man nun die andern; z. B. *ih tuon: ih tarf*
= *er tuot: er tarf* (für früheres *er darf*). Nehmen wir diese analo-
gische Verdrängung des *d* an, so hat es keine Schwierigkeit mehr,
dass eine Reihe von Wörtern sie nicht bei sich vollzogen haben, und
dass etliche Dialekte sogar innerhalb ein und desselben Wortes
Schwanken zwischen *d* und *t* kennen (Hunziker S. LXXIX).

§ 8. Wir müssen hier einen Blick werfen auf die
aspirierten Verschlusslaute, welche ausser der hauchlosen
Lenis im Anlaut vorkommen. Altererbt ist *ḱ*, die regel-
mässige Vertretung von germ. *k* anlautend vor Vocal (s. u.
§ 61).

p̓ t̓ erscheinen bloss in den Fremdwörtern jüngster Aufnahme, welche durch Vermittlung des Schriftdeutschen ein-
drangen, und entsprechend ein *ḱ* da, wo die hochalem. Mundarten *kχ* sprechen (Winteler S. 57). Beispiele s. bei L. Tobler
a. a. O.

Diese sämtlichen Aspiraten erscheinen nur vor Voc.:
vor Cons. ersetzt sie in Bst. ungehauchte Lenis: z. B. *brǫb*
'Probe', *drǫn* 'Thron', *gluss* 'Klasse'. Auch beim Schriftdeutschsprechen setzt der Basler seine *b*, *d*, *g* an der Stelle von
p, *t*, *k* vor Cons., während er vor Voc. *p̓*, *t̓*, *ḱ* spricht.

Die Bedingungen für die Aspiraten sind insofern gerade umgekehrt als die für die Fortes, indem jene ihre eigentliche Stelle v o r der Starktonsilbe haben. So heisst es *lụšpəχʀait* mhd. *lustburecheit*, *ęwiʀait* mhd. *êwicheit* u. a.; wo aber der Endung der Starkton entzogen ist, erscheint für die Aspirata *ʀ* hauchlose Fortis *k*: *graməkəd* mhd. *krancheit*, *fullkəd* mhd. *vûlecheit*, *bụ̈χkəd* Familienname, urk. *burchart* (vgl. u. § 58).

§ 9. Die Reihenfolge der Anlaute, welche die Lehnwörter nach der Chronologie ihrer Aufnahme aufweisen, ist also im Vergleich mit K etc. eine vereinfachte:

$$\text{Vor Voc.: } pf - b - b, \, \dot{p}; \quad \text{vor Kons.: } pf - b$$
$$ts - d - d, \, \acute{t}; \qquad\qquad - \quad d$$
$$\acute{k} - g, \, \acute{k}; \qquad\qquad\qquad g$$

Wo *b ṗ, d ť, g ʀ* neben einander stehn, handelt es sich um den Gegensatz der Entlehnung aus dem Romanischen direkt oder aus der hd. Schriftsprache.

§ 10. Die vier Reibelaute der alem. Mundarten *f s š χ* verteilen sich in Bst. folgendermassen. Im Anlaut erscheinen die drei ersten, und zwar nur als Lenes. Im Inlaut haben wir *f* und *s* in beiden Stärkegraden. *š* existiert mit wenigen Ausnahmen nur als Fortis. Das Gleiche, uneingeschränkt, gilt von *χ*: die Schwächung zur Lenis nach langem Vocal, Diphthong, *r* und *l*, wie sie K. und JM. zeigen, kennt Bst. nicht, ist also in diesem Punkt dem Ursprünglichen treuer geblieben. Doch nimmt *χ* insofern eine Ausnahmestellung unter den Fortes ein, als vor ihm allein *i û iu* sich als Längen erhalten. Als Lenis zu *χ* stellt sich im heutigen Consonantensystem von Bst. *r*, welches als weiterer stimmloser Reibelaut zu statuieren ist und zu *χ* sich verhält wie *f* zu *ff*, *s* zu *ss*. Das Zeichen *χχ* fällt also für uns weg; im Übrigen befolge ich die von Winteler aufgebrachte und zum Teil von den spätern Darstellungen alemannischer Dialekte übernommene Transscription der Consonanten; nur für die Aspiraten schreibe ich *ṗ, ť, ʀ*; sonantisches *m, n, l* gebe ich durch *ꬼ, ꞃ, ļ*; die nasale oder laterale Degeneration eines Verschlusslautes, welche unter gegebenen Bedingungen stets eintritt, lasse ich unbezeichnet.

§ 11. Für die sonoren Consonanten *l, m, n, w* gilt: nach kurzem Vocal stets die Fortis, nach langem stets die Lenis. Einer etymologisch zu erwartenden Fortis nach langem Vocal hat sich die Ma. entledigt: sie spricht *mῑli* 'Mündchen' mhd. *miullīn, štēlḭ* Dem. zu *štal* 'Stall', Spreng *Seili* Seilchen, *funiculus; hailọs* 'heillos'; *mῑm* aus *mînem* (vgl. T *mịmm*); während *gẹnnd mǝr* 'geben wir', *hẹnnd mǝr* 'haben wir', *sịnnd mǝr* 'sind wir' zu *gẹmmǝr, hẹmmǝr, sịmmǝr* verschmolzen werden, heisst es zu *gẹ̄nd mǝr* 'gehn wir', *lẹ̄nd mǝr* 'lassen wir', *dịǝnd mǝr* 'tun wir': *gẹ̄mǝr, lẹ̄mǝr, dịǝmǝr* mit Lenis *m*. Wie bei den Stimmlosen finden wir auch hier die Fortis im Anlaut der haupttonigen Silbe reducirt: *ǝlai* 'allein', *fịlịχt* 'vielleicht', *k̯ụmọ̄d* (Hauptton auf *ọ̄*) 'kommod' aber *k̯ụmmọ̄dǝ* (Hauptton auf *ụ*) 'Kommode'; *sῑgǝlak* 'Siegellack'; auch die Verbindung *l̯ + l* ist, wie am letztgenannten zu ersehen, der Mundart nicht geläufig. Dies spielt eine Rolle beim Antritt der Dem.-Endung *lḭ* an Nomina auf *l̯: fọ̄gl̯ — fẹ̄gǝlḭ* mhd. *vogellīn:* hier tritt deutlich die vocalische Mundweitung zwischen den Verschluss von *g* und die Enge von *l*. *l̯* steht also auf einer Linie mit der Fortis *ll*. *j* und *w* endlich, stets Lenes, sind auf den Anlaut beschränkt.

§ 12. Das durchgehende Gesetz, nach welchem eine Fortis im Anlaut der haupttonigen Silbe nur insoweit geduldet wird, als ihr ein Starkton zweiten Grades vorausgeht, findet im Satzsandhi z. T. Bestätigung. — Lehnt ein auf Fortis auslautendes Wort an eine folgende Silbe sich an, sodass diese letztere den stärkeren Satzton übernimmt, so nähert sich die betr. Fortis in dem Masse der Lenis, als ihr vorausgehender Sonant Tonschwächung erleidet. Verbindungen wie *het ǫu* 'hat auch', *bịšš állǝwῑl* 'bist alleweil', *špann a* 'spanne an' mit dem Hauptton auf der zweiten Silbe schwächen das *t, šš, nn* zur völligen Lenis *d, š, n*, wenn die erste Silbe jeden Nachdruck verliert. Eine Fortis dagegen, welche aus der Verschmelzung zweier Laute im Satzgefüge entsteht, sinkt nie zur Lenis herab: *blịpῑmǝr* 'bleib bei mir', *hetꞇǝnkt* 'hat gedacht', *annịt* 'an Nichts' behalten stets die Fortisarticulation; gleichzeitig aber bleibt der vorangehenden Silbe ein etwas stärkerer Nachdruck gewahrt: derselbe ermöglicht die folgende Fortis und wird von dieser wiederum erfordert: die beiden Umstände stehen in Wechselwirkung. Wenn nun eine aus zwei Lauten zusammengeschmolzene Fortis, wie das *ss* aus dem *s* des neutr. Artikels + folgenden *s*-Anlaut (z. B. *ssǫffị* '(die) Sophie'), in den absoluten Anlaut tritt, so entsteht ein äusserer Widerspruch gegen jenes Gesetz, welches Fortis im freien Anlauf ausschliesst: es liegen hier eben für das Sprachgefühl zwei Laute vor, welche nur in jedem einzelnen Falle aufs Neue zu einer fortlaufenden Articulation zusammengedrängt sind.

§ 13. Die Möglichkeiten zur Entstehung einer Fortis im Satzsandhi sind in Bst. folgende:

1. Das Zusammentreffen homorganer homogener Consonanten (Beispiele im Obigen). Dies betrifft Verschluss-, Reibe- und Sonorlaute.

2. Speciell Verschlussfortis entsteht ausserdem, wenn auslautender dentaler Clusillaut mit anlautendem labialem oder gutturalem zusammenstösst: *sị hẹnnd baχǝ* 'sie haben gebacken' > *sị hẹmmpaχǝ*; *wịt gẹrn* 'willst gern' > *wịkẹrn* u. s. f. Dazu die verkürzbaren Formen des bestimmten Artikels, welche mit dem folgenden Verschlusslaut verschmelzen: *pẹχk* 'die Berge', *tekị* 'die Decke', *kass* 'die Gasse'. — Ebenso entsteht die Fortis *mm* aus *n* + *m*.

§ 14. Dieser syncopierte Artikel erscheint aber, auch wo er nicht verschmilzt, als Fortis: *tụugǝ* 'die Augen', *tlụkǝ* 'die Lücke', *pmaitlị* 'die Mädchen' u. s. f. (Dasselbe in K, Winteler S. 136 f.). Der auf *dị* sich verteilende Exspirationsstoss hat sich hier auf den Consonanten concentriert, was dessen Verstärkung und das Verstummen des Vocals zur Folge hatte. Die unsyncopierte Form *dị* ist heute auf die Stellung vor dem Adjectiv beschränkt, auch wenn dasselbe absolut gebraucht ist.

Wegen des beschränkten Vorkommens jener *t* s. u. § 33. Im Gegensatz zu K etc. (Winteler, S. 54, 136, Hunziker S. LIX, CVIII) erzeugen die Präfixe *bị* und *gị*, ahd. *bi*, *gi*, in Bst. nie eine Fortis. Das Verhalten der beiden ist nicht ganz gleichmässig:

a) *bi̯* erscheint als *b* vor Vocalen, vor *h*, *l*, *r*, *s*, *š*: *bełᶄnndə* v. impers. 'beelenden schmerzen', *blaɷɷə* 'sich sehnen nach' mhd. *belangen*, *blĕg* 'Beleg', *braix̯ə* 'ausreichen' mhd. *bereichen*, *bhallᵗə* mhd. *behalten*, *bsetsə* 'besetzen pflastern', *bᵘᵃⱳ* mhd. *beschouwen*;

Dagegen unsyncopiert vor *f* und den Clusilen: *bifĕᶅ̥ə* 'befehlen', *bifǫktə* mhd. *bevogten*, *bigrabə* 'begraben', *bikͦ* 'bekommen', *hĕr bik̯ĕr* 'Herr bekehre'! ein Ausruf etwa gleich hilf Himmel!

Vor *n*, *m*, *w* bleibt *bi̯* gleichfalls unverkürzt: doch fallen hieher lauter Lehnwörter aus der Schriftsprache, und bei solchen überwiegt überhaupt die Tendenz, die volle Form zu sprechen.

b) *gi̯* erscheint als *g* vor Voc. und vor sämtlichen Consonanten ausser den Clusilen: *gᶓssə* 'gegessen', mhd. *gĕzzen*, *glu̥ˢtig̯* 'verlangend, gelüstend nach' auch 'Gelüsten erweckend' mhd. *gelustec*, *gnu̯əg* mhd. *genuoc*, *grᶜu̯ə* 'gereut' mhd. *gerouwen*, *gŏrᶜu̯ə* 'geschrien' mhd. *geschrîwen*, *ghĕrə* mhd. *yehœren*, *ghu̥ftig̯* 'über den Rand hinaus gehäuft' mhd. **gehûfetic*, *gfri̯št* 'Frostbeulen' mhd. *gevrüste*.

Vor Verschlusslauten ist es bei den festen Nominal- und Verbalcomp. unsyncopiert erhalten: *gibᶓtli̯* 'kleines Gebet', *gidrᶜu̯ə* 'getrauen', *gigaitˢə* nom. act. zu *gaitˢə* 'verschütten' (St. I 432); dagegen ist das *gi̯* der part. præt. in dieser Stellung spurlos verschwunden: *bᶜtət* 'gebetet', *d̯ᶜꞷᶇkt* 'gedacht', *gaɷɷə* 'gegangen', *kͦ* 'gekommen'.

Die Vergleichung mit der Ma. L (Hunziker a. a. O.), welche ganz ähnlich verfährt, macht es wahrscheinlich, dass *bi* und *gi*, wo sie syncopiert wurden, auch in Bst. zuuächst *p*, *k* ergaben, und dass diese Fortes dann ihrerseits erst der allgemeinen Schwächung der anl. Fortes unterlagen. Beachtenswert ist dabei der Gegensatz gegen die Artikelformen, welche, wie wir gesehen, auch heute noch in Bst. als Fortis *t* erscheinen. Wir müssen wohl annehmen, dass diese letztere immer wieder neu aus der vollen Form *di* hervorging, sodass ihre Fortis erhalten blieb. — Ohne die Parallele von L möchte man vermuten, dass bei jenen part.-praet.-Formen sohne *g* nicht Syncope des *gi* und Schwächung des *k* vorliege,

sondern die Bildungsweise o h n e Präfix, welche bei diesen
Wörtern im Gebrauche verallgemeinert worden wäre. So
würde sich dann der Gegensatz von *gibẹtlị* und *bẹtɔt* erklären;
während nun das Verfahren der anderen Mundarten zu der
Annahme führt, dass in der constanten Verbindung mit Substantiven oder Verben *gi* einen stärkeren Nebenton besass
als im part. praet. und daher dort nicht wie hier Vocalschwund erlitt.

Das Personalpronomen 2. Pers. bewahrt stets seinen
geschwächten Vocal *ɔ*, kann also (wieder im Gegensatz zu K)
keine Fortis *t* abgeben. Es heisst *wenn dɔ wịt* 'wenn du
willst', nie *wenntwịt*. Syncope des Vocals ist bloss dann erfolgt, wenn *dɔ* sich in der Inversion an sein Verbum anlehnt:
zugleich ist dann aber der Dental völlig in dem *ŝŝ* (< *st*)
der Endung aufgegangen: *bịŝŝ ̨u dọ?* 'bist du auch da?' wie
dɔ bịŝŝ ̨u dọ 'du bist auch da'.

15. Endlich sei die allgemeine Erscheinung erwähnt,
dass jede Fortis, wenn die Wort- oder Satzverbindung sie
in unbetonte Stellung rückt, ihre specifische Fortisarticulation
einbüsst, weil das unterscheidende Mass von Exspirationsstärke
und Dauer ihr entzogen wird. Es heisst *mịt* 'mit' aber
mịdɔnanndɔr 'miteinander', *ap* 'ab', aber *abịnlannd* 'vom Lande',
̨ŝŝɔ Name eines Quartiers, aber *̨ŝɔfóχŝtɔt* 'Aeschenvorstadt',
̨nntlị 'endlich', aber *hɔffɔdlị* 'hoffentlich'; *ƙannɔ* 'Kanne' aber
ƙanɔfẹlld 'Kannenfeld' n. l. eines Kirchhofs, *allị* 'alle' aber
alịbọt 'alle Augenblicke'. Dabei sind die Schattierungen
zwischen Fortis und Lenis ebenso zahlreich wie die der sie
bedingenden Accentfülle.

Hierher gehört auch die Erscheinung, auf welche Seiler
S. 19 aufmerksam macht, dass bei 'Beteuerungen und Kraft-
wörtern, überhaupt in nachdrücklicher Rede unsrer Mundart das wirksame Mittel der Verhärtung der Media (*c*: Lenis)
im Anlaut zur Verfügung steht'. Dieser Verschärfung können
sämtliche stimmlosen Lenes, Verschluss- uud Reibelaute,
unterliegen, doch stets nur die vorhaupttonigen; sie können
den Stärkegrad einer vollen Fortis erreichen. So spricht
man z. B. im Affect: *tụmmɔ tụbḷ dụ̈!* 'dummer Querkopf du!'
dụ̈bḷ 'stumpfsinnige Person, Idiot', als Schelte dann auch

'Tölpel, Flegel' ist dasselbe Wort wie bst. *dṵbļ* 'Döbel, hölzerner Pflock, Zapfen, der in die Mauer gekeilt wird' mhd. *tübel*, DWb. II 1198; ähnliche Begriffsentwickelung wie bei Bloch, Klotz u. a.

§ 16. Für den Consonantismus zumal der obd. Mundarten ist von grosser Bedeutung die von Winteler KM C II § 1, 4 aufgestellte Regel, welche unter dem Namen Winteler'sches Silbenaccentgesetz (Sievers Phon.[3] 196) bekannt ist. Die Fassung bei Winteler ist in Kürze folgende:

a) Bei den Sonorlauten erscheint jede etymologisch zu erwartende Lenis, welcher ein kurzer starktoniger Vocal vorangeht, als Fortis, sobald ihr noch ein Consonant (meist ein stimmloser) sich anschliesst.

b) Dasselbe gilt für eine s t i m m l o s e Lenis (hier muss der folgende Cons. ein stimmloser sein).

Da Winteler diese Regel auf den Boden seiner lebenden Ma. begründet, ist der Zusatz 'sobald ihr noch ein Consonant sich anschliesst' zunächst unentbehrlich: denn wo dies nicht geschieht, sehen wir ja die Lenis verbleiben, und die Fälle sind häufig, wo innerhalb éiner Formenreihe der Wechsel von Fortis und Lenis auf dem Folgen oder Nichtfolgen eines Cons. beruht; z. B. *štila̗*, *štiḷšt*, *štiḷlt* ('stehle, stiehlst, stiehlt') *wibœ*, *wipšt*, *wipt* ('webe, webst, webt') u. a. m. Es giebt aber doch auch in K Spuren davon, dass das Gesetz einst weiteren Umfang hatte: so die Conjj. und Impp. zu 'kommen, nehmen, sollen' und der Indic. des letzteren Verbums (K. M. S. 69 f.): diese zeigen den geschärften Cons. *mm*, *ll*, 'wenn denselben nicht ein ganz leichter vocalisch beginnender Redeteil, z. B. eine Enclitica, folgt'; und T hat diese Verschärfung sogar spec. v o r P a u s e. Hieher rechnen wir auch *ḭmm*, *we̗mm*, *de̗mm* (S. 70); denn das *mm* in got. *imma*, *hvamma*, *þamma* dürfen wir für deren Fortis nicht verantwortlich machen, sondern wir müssen von den aus ahd. *imu*, *wëmu*, *dëmu* mit einfachem *m* syncopierten Formen ausgehen. Ferner gehören hieher die auf S. 69 erwähnten Wörter *χḭll* 'Kehlstück', T *fịll* 'viel', *tro̗mm* 'Fadenende', *tịll* 'Diele'. (Die Fälle aus Bst. s. u. § 43.). All diese Wörter haben statt der etymologisch zu erwartenden Lenis eine Fortis, die n i c h t an f o l g e n d e n

Consonanten gebunden ist. Die Fortis hat den Wortauslaut inne: im Inlaut, in den mehrsilbigen Formen geht
die Lenis nebenher. Hiedurch nehmen diese Wörter in der
lebenden Ma. eine Ausnahmestellung ein; wenn ich nicht
irre, dürfen wir in ihnen die erstarrte Wirkung eines Laut-
gesetzes erkennen, welches einst auf viel weiterem Gebiete
Geltung besass, und welches sich in folgende allgemeine
Fassung bringen lässt: ein sonorer Consonant muss als Fortis
gesprochen werden, wenn er ganz oder seiner ersten Hälfte
nach mit dem Exspirationsstoss eines unmittelbar voraufgehenden starktonigen kurzen Vocals hervorgebracht wird.
Seine Intensität beruht dann eben darauf, dass der Stimmton
des betr. kurzen Vocals noch in einem Moment relativer
Stärke in den Sonorconsonanten einmündet. Nach einem
langen Vokal und im Silbenanlaut ist dies nicht der Fall,
erscheint deshalb Lenis (vgl. Sievers Phon. S. 67). Das
Folgen oder Nichtfolgen eines Cons. ist dabei ganz gleichgiltig.

Der mhd. Reim setzt dieses Gesetz voraus. In Reimen
wie *val: tal, swam: nam, entran: an* ist nicht die im Inlaut
geminierte Fortis der ersten Reimglieder im Auslaut zur
'Lenis geworden, sondern umgekehrt die inlautende Lenis der
zweiten Glieder im Auslaut zur Fortis, weil sie in dieser
Stellung von dem Exspirationsstoss des vorangehenden kurzen
Vocals hervorgebracht wurde. In einem *gebrant: gemant* ist
es allerdings der Cons. *t*, der hier zunächst, verglichen mit
mane, manet u. s. w., die Fortis hervorruft; aber das Entscheidende ist auch hier wiederum die Verschiebung der
Silbengrenze, das Anteilnehmen des *n* an der vorausgehenden
kurzvocalischen Silbe.

§ 17. Auf dem Gebiet, auf welchem dieses Gesetz
Giltigkeit hatte, war also ein Wort von dem Schema: (Cons.
+) kurzer Vocal + sonore Lenis, wenn es Starkton
trug, und die Lenis sich nicht an eine folgende Silbe an-
schliessen konnte, nicht sprechbar. In allen derartigen Lautgruppen wurde die Lenis zur Fortis geschärft. — Bei einer
grossen Zahl der verba und nomina entstand so eine Diffe-
renzierung zwischen den Formen mit und ohne vocalische

Endung. In jenen wurde Lenis, in diesen Fortis gesprochen. In den oben angeführten Wörtern hat K diesen Wechsel bis heute bewahrt.

Allein die Mundarten zeigen uns, dass das Verhältnis der silbenanlautenden und -auslautenden sonoren Lenes noch von einem weitern Umstand abhängig wurde. Es trat ein weiteres Gesetz ein, nach welchem unter gewissen Accentbedingungen jene Fortis im Silbenauslaut zur Lenis geschwächt und gleichzeitig der vorausgehende kurze Vocal gedehnt wurde.

Auch bei dieser Entwicklung war jene unsprechbare Verbindung: kurzer starktoniger Vocal + tautosyllabische [1] Lenis vermieden. In welche Zeit diese Lauterscheinung hinaufreicht, wird schwerlich zu bestimmen sein. Doch ist es kaum zufällig oder auf Reimnot beruhend, dass im Mhd. der Reim -an : -ân so häufig vorkommt auch in Dichtungen, welche sich sonst genauer Reimung befleissen (vgl. Cl. Fr. Meyer, de Verborum Consonantia Finali, Berol. 1845 S. 30 f., und Pressel, Reimbuch zu den Nibelungen). Diese Reime sind rein, wenn jene vokaldehnende Gestaltung des Auslauts schon damals der Sprache geläufig war.

In den heutigen Mundarten hat das Gesetz die breitesten Spuren hinterlassen. Alle die schweizerischen Dialekte nämlich, welche die Vocalkürzen im Inlaut getreulich bewahrt haben, zeigen bei Auslautstellung der Sonorlenis regelmässig Dehnung des Vocals (K. M. 68 f.); *šbīl — šbilu, tsāl — tsalœ* u. a. Weil diesen Formen die oben genannten mit Erhaltung der Kürze und Schärfung des Cons. entgegenstehn, sind wir zu der Annahme berechtigt, dass einst Doppelformen, von verschiednen Accentbedingungen abhängig, bestanden, und dass dann Ausgleichung nach verschiedner Richtung hin erfolgte. Dabei hat die Ausgleichung zu Gunsten der Vocaldehnung überwogen, sodass der Wechsel von langem Vocal + Lenis für den Auslaut, kurzem Vocal

---

[1] Ich gebrauche diesen Ausdruck in Ermangelung eines andern, obwohl sein Sinn hier nicht ganz derselbe ist wie in der sanktionierten Verbindung tautosyllabischer Diphthong.

+ Lenis für den Inlaut zum eigentlich lebendigen, produktiven geworden ist, während jenes andere Verhältnis, kurzer Vocal + Fortis im Auslaut dem kurzen Vocal + Lenis im Inlaut gegenüber, heute als Ausnahme erscheint.

§ 18. Dass die Formen mit langem Vocal und Lenis in der Tat aus denen mit kurzem Vocal und Fortis hervorgehen konnten, dass aus *tall* ein *tal* wurde, wird gestützt durch einen parallelen Vorgang. Es gibt eine Anzahl Wörter, für welche man die Schwächung der auslautenden Fortis unbedingt annehmen muss, da im Inlaut nicht wie dort eine Lenis sondern gleichfalls eine Fortis nebenhergeht. Die Fälle sind grösstenteils auf dem ganzen schweizerischen Gebiete und ausserhalb desselben zu belegen; ich führe die mir aus Bst. bekannten an: *fal* 'Fall' mhd. *val valles*, plur. bst. *fęl*: in den Verbindungen *uf ḳai fal* 'auf keinen Fall', *uf allį fęl* 'jedenfalls', *glichvaals* schreibt Andr. Ryff (1592), aber *fallǝ* 'fallen'; *štal* 'Stall' mhd. *stal stalles*; *įbǝral* 'überall' mhd. *überal*, aber *allį* mhd. *alle*, bei P. G. *sal : vberall* (das doppel *l* jedenfalls falsche Correctur des Setzers), *vberall : zůmal*, bei FP. *fuhl : überal*, *Zal : überal*; *hęl*, mhd. *hël hëlles*, in der Verbindung *hęl nįt* 'rein nichts' und auch als lebendes Adj. in der Bed. 'wahrhaft, offenkundig' s. Seiler S. 160; das Lehnwort *bal* frz. *le bal*; *ban* 'Bann' mhd. *ban bannes*, bei P. G. *lahn : bann* (das *nn* wieder Setzerorthographie), bei Spreng *Bahnherr* 'Kirchenältester'; *ma* 'Mann' mhd. *man mannes* aber plur. *mǝnnǝr*; *ḳa* 'kann' mhd. *kan* pl. *kunnen*. Die Fälle lassen keinen Zweifel übrig, dass die Schwächung nur im Silben-Auslaut lautlich berechtigt ist und bisweilen analogisch in den Inlaut verschleppt wurde in jenem *glichvaals*, in *štęlį* dem. zu *štal*, *ḳašš* 2. pers. zu *ḳa* u. a.

Wie also aus dem Typus *tale—tall* unter anderm Accente ein *tale—tal* hervorging, so aus dem Typus *falle—fall* ein *falle—fal*: allein in dieser zweiten Klasse wirkte die inl. Fortis der ausl. Lenis entgegen, sodass die Lenisformen nur in den paar vereinzelten Fällen sich festsetzen konnten.

Anmerkung. Wenn die Annahme richtig ist, dass schon in der ältern Zeit, etwa im 13. Jahrh., die Entstehung der geschwächten und vocallangen Formen möglich war, so muss der Vocal derselben sich

immer wieder qualitativ dem kurzen Vocal des Inlauts angeglichen
haben; denn er ist in der lebenden Mundart nirgends mit den stamm-
haft langen Vocalen zusammengefallen: *fūl*, *mā*, aber *mǭl* (mhd. *māl*),
lǭ (mhd. *lān*) u. s. w.

§ 19. Das oben besprochene Gesetz, nach welchem
sonore Lenis im Silbenanschluss an starktonigen kurzen Vocal
nicht geduldet wurde, hatte seine historisch begrenzte Wir-
kungszeit. In der Lautgestalt der heutigen Mundarten hat
es die tiefgehenden Spuren hinterlassen; aber lebendig ist es
nicht mehr, denn Formen, welche sich ihm nicht fügen, sind
in den schweizerischen Mundarten, welche überhaupt noch
Silbenkürze kennen, nicht ganz selten. Wir müssen sie als
secundäre Neubildungen beurteilen mit analogischer Über-
tragung einer inlautenden Lautverbindung auf den Auslaut.
In K. gehören sie ausschliesslich dem Verbalsystem an (Winteler, S. 69.): es ist hier die Form des Imperativs und z. T.
des Conj. Praes., welche den Consonanten in die Auslauts-
stellung versetzt; hier war also der Anstoss zur Schärfung
der Lenis oder aber zur Dehnung des kurzen Stammvocals
gegeben. Diese Formen jedoch konnten als seltener gebrauchte
sich der Beeinflussung der andern, des Praes. und des Inf.,
woselbst der Cons. lenis, der Voc. kurz bleiben musste, nicht
entziehen und gaben die nach jenem historischen Gesetze
einzig mögliche Gestaltung preis. Stand doch ein *štīl* oder
ein *štill* den Formen mit inl. *l* wie *štilæ*, *štilœ* ferner als
das heute herrschende *štīl*.

Dem Sprachgefühl von Bst. stellt sich eine Lautgruppe
wie *štīl* als ziemlich unsprechbar dar, vorausgesetzt dass sie
mit halbwegs kräftiger Betonung gesprochen wird. Bst.
muss entweder die Kürze des Vocals oder die Lenisnatur
des *l* opfern, also *štīl* (dies ist die herrschende gramm. Form)
oder *štill* sprechen. Unsere Ma. kennt in der That keine
Form, welche jenem alten Auslautsgesetz zuwiderliefe.

§ 20. Im Obigen kamen nur die s o n o r e n Lenes in
Betracht; es fragt sich, ob nicht den s t i m m l o s e n Lenes
gegenüber entsprechende Gesetze gewaltet haben. Ein strikter
Beweis lässt sich hier noch weniger führen als dort. Das
Verhalten des Mhd. ist verschiedener Deutung unterworfen;

und die lebenden Mundarten haben durch fast gänzliche Verallgemeinerung nach einer Seite hin und durch Schöpfung
neuer analogischer Formen die Erkenntnis des einstmals
Wirksamen erschwert. Überblicken wir, was zu Gunsten
der Annahme, dass auch stimmlose Lenis im Silbenanschluss
an emphatischen kurzen Vocal nicht sprechbar war, dass
zunächst Schärfung zur Fortis eintreten musste, sich vor-
bringen lässt.

Einmal jener parallele Vorgang bei den Sonorconsonanten.
Der physiologische Grund ist hier wie dort derselbe: der
exspiratorische Starkton war nach Hervorbringung eines
kurzen Vocals noch so kräftig, dass ein an diesen Vocal
sich anlehnender Cons. eine Fortis sein musste.

Sodann ist zu erwägen, ob nicht mit unserm Gesetz
der mhd. Schreib- und Reimgebrauch zusammenhängt, nach
welchem inl. *b d g h v s* im Auslaut als Fortes *p t c ch*
f ss auftreten: für das letztere wird *s* geschrieben, weil die
Doppelschreibung damals noch Geminata bedeutete und daher
für den Auslaut unstatthaft war, aber sein Lautwert ist
zweifellos Fortis; von Reimen kommen solche in Betracht
wie *stat : phat, trat : rat, trit : gelit, sac : mac, nac : slac, erschrac : lac pflac wac, vlec : wec. blic : sic, bruch sprach :
jach sach, was (acer) : was (erat).* Insoweit diese Erscheinung auf obd. Gebiet heimisch ist, darf man nicht das Ver-
klingen des Stimmtons im Wortauslaut zu ihrer Erklärung
heranziehen; denn auf Grund der Schreibung der ahd. Denkmäler ist es wohl allgemein angenommen, dass das Obd. in
mhd. Zeit längst keine stimmhaften Verschluss- und Reibelaute mehr besass (vgl. u. a. Paul, Beitr. 7, 127 f., Braune,
ahd. Gram. § 103). Es könnte vielmehr der Übergang einer
stimmlosen Lenis in wirkliche Fortis vorliegen, welcher hier
nach dem gegebenen Prinzip eintreten musste. — Doch betrifft diese Erklärung nur die Lenis n a c h k u r z e m V o c a l.
Wesbalb auch nach langem Voc. und nach Sonorcons. die
Schärfung eintrat, bleibt unerklärt. Einem mhd. *geseit : leit,
ermant : zehant, gezalt : walt; danc : lanc* setzen die heutigen
alem. Mundarten ein *t : d, k : (g)* gegenüber, also einen un-
reinen Reim, und sie geben Nichts an die Hand, was auf

das einstige Wirken des Auslautsgesetzes in diesem Umfange schliessen liesse. Allein die Möglichkeit ist dadurch nicht ausgeschlossen, dass auch in diesen Fällen einstmals die Fortis sprachlich erfordert war und späterhin durch die Angleichung an die Lenis des Inlauts spurlos beseitigt wurde. Für die uns hier vorliegende Frage könnte die Thatsache genügen. dass nach k u r z e m Vocal die Fortis eintrat, dass zu einem *rade, wege, was ich* ein (emphatisches) *rat, wek, wass* gehörte.

Allein diese Formen haben für uns keinerlei Beweiskraft, sobald wir annehmen, dass sie auf obd. Gebiete nicht aus den Gesetzen der eigenen Sprache hervorgegangen sind, sondern dass in ihnen ein Einfluss der fränkischen Hofsprache sich äussert. [1] In diesem Falle wären jene Reime nach alemanischer Aussprache ungenau gewesen; und da es nicht glaublich ist, dass der oberdeutsche Dichter damals die ihm fremde stimmhafte Aussprache der Verschluss- und Reibelautlenes sich aneignete, so war es eine sehr äusserliche Unterordnung unter das Schriftbild, wenn er dennoch *stat : phat, erschrac : lac* reimte. In wie weit diese Hintansetzung der Aussprache zu Gunsten der Schreibung wahrscheinlich ist bei Dichtern, welche meist ihre Werke nicht selbst niederschrieben, will ich nicht entscheiden. Noch eine weitere Möglichkeit ist nicht ausser Acht zu lassen: dass nämlich der obd. Dichter jene Reime nicht deshalb sich erlaubte, weil sie nach dem Schriftgebrauch der Hofsprache sich als reine darstellten, sondern weil der lautl. Unterschied zwischen ausl. Lenis und Fortis so geringfügig war, dass er die kleine Ungenauigkeit wagen durfte, zumal für einige Wörter wie *erschrac, snac, vlêc* sich sonst allzuspärliche Reimbindung dargeboten hätte. Auch in diesem Falle geben natürlich die

---

[1] Wobei vorausgesetzt ist, dass das Ostfränkische zu jener Zeit noch stimmhafte (nichtsonore) Lenes besass. Nach Nörrenbergs Darlegungen für das Mittel- und Südfränkische (Beitr. 9, 393 ff.) ist dies allerdings fraglich. Evt. muss also das mhd. Auslautgesetz seinem ganzen Umfange nach auf einen andern Grund zurückgeführt werden als auf den Stimmtonverlust der tönenden Verschluss- und Reibelaute im Silbenauslaut.

gen. Reime keinen Beweis ab für das Wirken unseres Verschärfungsgesetzes in mhd. Zeit.

Die Erklärung des mhd. Auslautsgesetzes kann also nur im Zusammenhang mit der Frage, ob auf obd. Gebiete fränkischer Einfluss in Schreib- und Reimgebrauch zu statuieren sei, gegeben werden. Bei den Erörterungen dieser Frage ist auf das Auslautsgesetz nur geringes Gewicht gelegt worden (soviel ich sehe, wird es nur bei Müllenhoff, Dkm. S. XXIV, Paul, mhd. Schriftsprache S. 24 als Kriterium herangezogen); seine phonetische Seite ist dabei ganz unberücksichtigt geblieben. Ich muss mich hier begnügen darauf hinzuweisen, dass die Möglichkeit vorliegt, die betr. Fortisauslaute — zum Mindesten nach kurzem Vocal — aus Gesetzen der obd., speziell der aleman. Sprache zu erklären. Der Wechsel von *pfade — pfat* in obd. Denkmälern rückt dann in éine Linie mit dem oben erwähnten Wechsel von *tale — tall*; er beruht nicht mehr auf der Entlehnung einer lautlichen oder graphischen Erscheinung aus einem Sprachgebiet, welches den inl. stimmhaften Cons. im Auslaut stimmlos sprach, sondern auf der verschiedenen Intensität, welche ein stimmloser Cons. je nach seiner Stellung in der Silbe nach aleman. Sprachbedingungen zugeteilt bekam.

§ 21. Wie stellen sich die lebenden aleman. Mundarten zu diesem Gesetz? Die Analogie zu der Behandlung der s o n o r e n Lenis springt in die Augen. Die Dialekte, welche vor der silbenanlautenden Lenis die alte Vocalkürze bewahrt haben, zeigen bei Auslautstellung dieser Lenis durchgehend Dehnung des Vocals: *gras, grɛsɔr grɛslĭ grasœ* u. v. a.; s. Winteler S. 82 ff. Also auch hier wie bei den sonoren Lenes ist die schwächende Entwicklung verallgemeinert worden, welche aus dem Typus *grase — grass* ein *grase — grās* hervorgehen liess.

Doch fehlen Überbleibsel jenes andern Verhältnisses wenigstens nicht ganz. Aus Bst. sind hieher zu ziehen die isolierten Formen *ʋuɣk* 'weg' mhd. *enwēc*, aber subst. *wēɣ* 'Weg' mhd. *wēc* (vgl. K. M. S. 140); *gip* 'gieb her' als Ausruf gebraucht, während der syntaktisch lebendige Imperativ *gīb* 'gieb' heisst; vielleicht auch *ap, tχap* mhd. *ap, dar ap,* obwohl man diese eher als Loslösung aus Verbindungen wie *apǰssǝ* 'abbeissen', *tχapkǭ* 'davon herunter gehn', wo die Fortis durch ein anderes Gesetz bedingt war, betrachten möchte.

§ 22. Jene erstgenannten Wörter geben uns nun auch die klare Hindeutung, u n t e r w e l c h e n A c c e n t b e d i n g - u n g e n diese Formen mit kurzem Vocal + Fortis erhalten blieben. *ǝwɛ̨k* und *ɣịp* haben, jenes oft, dieses stets, energischen exspiratorischen Accent. Und ein solcher hat im Allgemeinen die Fähigkeit, die Kürze des Vokals zu Gunsten der Länge und Kraft des Consonanten zu erhalten (vgl. Sievers, Phon. S. 233). Für die Entwicklung zur Lenis und Vokaldehnung werden wir also einen minder energischen, schwächer geschnittenen Accent als Bedingung anzusetzen haben: der sanfte Ausgang des Vokals musste gleichzeitig Längung desselben und Schwächung des nachfolgenden Kons. herbeiführen (ib. S. 234). — Bei all den in Frage kommenden Lautgruppen war also, je nachdem jene schärfere oder diese sanftere Betonung auf ihnen ruhte, zwiefache Gestaltung vorhanden. Die Sprache entledigte sich dann dieses Überflusses und zwar, wie wir gesehen haben, überwiegend zu Gunsten der unter dem sanftern Accent entwickelten Formen.

Es ist klar, dass diese Formen mit Vocallänge und Lenis, wie *wɛ̨g*, *tal*, nicht ihrerseits wieder, wenn sie den schärfern Accent tragen, zu *wɛ̨k*, *tall* werden können. Aber auch die Formen mit Vocalkürze und Fortis, wie bst. *ǝwɛ̨k*, behalten in der lebenden Mundart ein für allemal diese Gestaltung: auch bei dem schwächsten Accent kann kein *ǝwɛ̨g* mehr entstehn.

§ 23. Was wir oben (§ 19) für die sonoren Lenes konstatiert haben, gilt auch für die stimmlosen. Die Mundarten haben vielfach Neuschöpfungen vorgenommen und die ursprünglich nur im Inlaut berechtigte Verbindung kurzer Voc. + Lenis auch in den Auslaut übertragen. Auch hier geschieht dies vorwiegend innerhalb des Verbalsystems: vgl. die Imp.- und Konj.-Formen *lịs*, *gib*, *gɛ̨b* u. a. bei Winteler S. 159 ff. (dazu ib. S. 82). Es scheint mir kein Zweifel möglich, dass diese Formen sekundäre Bildungen sind, unifor-

miercnde Angleichungen an *l̦sæ, lįsæ, yįbæ*, während *grás,
rád, lǫ́b* u. s. w. mit ihrer Abweichung vom Inlaut *grasæ,
rȩdər, lǫbæ* eine ältere Gestaltung repräsentieren. — In Bst.,
welches die alten Silbenkürzen durchweg gelängt hat, war
damit auch der Anlass zur Bildung jener sekundären Formen
genommen. Lautverbindungen wie jenes *lįs yįb* mit Starkton
sind im ganzen Umfang der Ma. Bst. nicht heimisch.

§ 24. Unsere Annahme, dass *grás rád tág* zunächst
auf ein *grass rat tak* zurückführen, findet wiederum ihre
Stütze in einer Reihe von Wörtern, welche ganz unzweifel-
haft Schwächung der stammhaften Fortis im Auslaut aufweisen. Dabei ist der Stammvocal teils ursprünglich lang,
teils erst zugleich mit der Schwächung der Fortis gelängt.
Aus Bst. gehören hieher: *rīspy̦t, rīsnagļ* 'Reissbrett, Reiss-
nagel' aber verb. *rįssə* 'reissen', *kχǫsmammə* 'Grossmama' aber
adj. *kχǫss* 'gross', *mȩs* 'Mass von festen Körpern' und *mǫs*
'Mass von flüssigen Körpern' zu mhd. *máʒe, kfχȩs* 'Fratze'
mhd. *yevráʒe, rȩs* 'herb, äzend' mhd. *ræʒe, kχįəs* 'Griesmehl'
mhd. *grieʒ, mⱳs* 'muss' mhd. *muoʒ, ús tχⱳs* 'aus, daraus' mhd.
úʒ drúʒ (dazu bei Spreng *hartpais lindpais* 'hart, weich von
Leibe und Gemüte' zu *bįssə* mhd. *bīʒen*; vielleicht gehört hieher auch der Henricus Orapbeis civis Basiliensis urk. 1280,
doch kann hier ausl. *s* auch Fortis bedeuten); *gwįs* 'gewiss'
mhd. *gewis gewisses, dás ⱸs was* 'das es was' mhd. *daʒ ⱸʒ
waʒ* (wenn in diesen dreien nicht besser die dehnungbewir-
kende Lenis aus der schwachbetonten Form in die starkbe-
tonte herübergeholt zu denken ist); *kχįs* 'Krüsch, Kleie' mhd.
grüsch, mⱳs 'musst' mhd. *muost* (das *st* der II Pers. ist sonst
überall durch die Fortis *ŝŝ* vertreten).

Die ersten drei Wörter der Reihe sind als isolierte
Formen wertvoll; sie zeigen deutlich, dass die Stellung im
Taktauslaut zur Schwächung erforderlich ist. Auch für all
die übrigen Fälle, bei welchen der geschwächte Cons. heute
über den Inlaut hin ausgedehnt erscheint, dürfen wir annehmen, dass lautlich die Schwächung nur im Taktschluss
möglich war. Diese einschränkende Bedingung mag auch
für die in § 17 f., § 22 f. besprochene Fortisschwächung
Giltigkeit haben.

Auch bet. *ûfɔχt* 'Auffahrt = Himmelfahrt Christi' mhd.
ûfvart ûfart scheint diese Schwächung der Fortis *ff* zu repräsentieren: nach jetziger Aussprache steht *f* zwar im Takt-
innern, aber früher mochte das zweite Compositionsglied
noch selbständigen Ton haben (darum auch Erhaltung des *r*
gegen z. B. *bȳχkɔt* ⟨*burchart*⟩); das anl. *f* von *-fart* muss
schon vor der Schwächung mit dem *ff* von *ûff* zu éinem
Laut verschmolzen, die Zusammensetzung also nicht mehr
gefühlt worden sein; sonst hätten die beiden Lenes wieder
zur Fortis zusammentreten müssen.

Bet. spricht, soviel ich weiss, *masslaidig* 'übler Laune,
verstimmt' eigentlich 'dem das Essen, mhd. *maʒ*, entleidet ist',
mhd. *maʒleidec*: auffallend ist die Dehnung des *a* bei Bei-
behaltung der Fortis *ss*. Am einfachsten erklärt sich das
als Compromiss aus einem *mâs* und *mass*. Wenn dem so
ist, haben wir hier eine Spur der einst allgemeinen Doppelformigkeit Länge + Lenis gegen Kürze + Fortis.

Anmerkung. Im Dialekt von Beromünster hat eine viel grössere
Anzahl von Wortstämmen diese Schwächung durch alle Formen durchgeführt (Brandstetter S. 234, 35, 36, 44, 51). Auch ausserdem hat in
dieser Ma. die Erscheinung grössere Bedeutung gewonnen, indem zahlreiche Verba ihre Fortes *χχ*, *ff*, *ss*, *ŝš* im Auslaut (und darnach analogisch auch in einigen Inlautsformen) durch die Lenis vertreten: hier
hat sich zu einem regelmässig wiederkehrenden Lautwechsel ausge-
bildet, was ursprünglich die vergängliche Wirkung einer gewissen Be-
tonungsweise war. Daneben stehen Verba, welche über alle Formen
hin constante Fortis zeigen. Diese beweisen, dass wir nicht das einfache Ergebnis eines rein lautlichen Vorgangs vor uns haben, dass
vielmehr eine einstmalige vom Accent bedingte Doppelformigkeit innerhalb jedes einzelnen Verbums ausgeglichen worden ist, und dass hiebei
die einen Verba die Lenis, die andern die Fortis bevorzugten. — Dabei ist in der Quantität des Stammvocals stets Einheit hergestellt
worden: die Formen mit auslautender Lenis haben die Länge des
Vocals aufgegeben, wenn der Präsensvocal Kürze ist: z. B. *briχ*, *trif*,
iʃ Impp. zu *breχχɔ*, *treffɔ*, *eʃɔ*. Die umgekehrte Ausgleichung finden
wir beim Substantiv: hier kommt die Vocallänge zur Alleinherrschaft
und zugleich mit ihr die Lenis: beides war im Nom.-Sing. und den
anderen endungslosen Casus lautlich entwickelt, also in den Formen,
welche durch die Häufigkeit ihres Gebrauches die andern verdrängen
konnten: z. B *štiχ*, *grif*, *pʃiʃ* mhd. *stich*, *grif*, *beschiʒ*.

§ 25. Es findet sich eine Anzahl Wörter, grossenteils

über ein weites Gebiet verbreitet (Winteler S. 140), welche
ihre stammhafte Lenis in gewissen isolierten Verbindungen
durch die Fortis ersetzen. Aus Bst. kenne ich: *hanntlig*
'handlich, bequem' mhd. *hantlich, hammpɔχsmā* 'Handwerker'
mhd. *hantwёrcman* (es könnte auch *untwёrc* mit seinem *t*
herein gespielt haben), aber *hannd* mhd. *hant, hǫnndlį* mhd.
hendelin u. s. f. mit *d*; *štǫnntligɔ* adv. 'stehend' zu mhd. *stent-
lich, bestentlichen*, aber *štannd* mhd. *stant; ǫnntlig* 'endlich'
mhd. *endelich, entlich*, aber *ǫnd* mhd. *ende; fχįnntlig* 'freund-
lich' mhd. *vriuntlich*, aber *fχįnnd* mhd. *vriunt; įbɔrwįnntligɔ*
(Ton auf *wį*) v. trans. ein t. t. beim Nähen, formell zu mhd.
überwintlich; bįnntɔlį 'Bündel' mhd. nicht belegt, zu *bunt*,
binden (vgl. Kluge, et. Wb. s. v. Bündel); *maitlį* 'Mädchen'
mhd. *meitlin* ⟨*megetlin;* in den R. q. findet sich fast regelmässig *früntlich, kuntlich, glouplich, yeklich, vestiklich, ein-
helliclichen, ewiklichen, snelleclichen, zuchteklich, mengelich,
verfengklich, gevenknisse.* Es liegt nahe, derartige Formen
mit dem alten Auslautsgesetz in Verbindung zu bringen, sodass doch von der Schärfung der Lenis auch nach l a n g e r
Silbe heute noch Spuren vorhanden wären (vgl. oben § 20).
Doch wird durch den Gegensatz von *landammœ* 'Landamman'
gegen *lantrāt, lantrǫχt, lantwēr* in K. (Winteler S. 140)
die Annahme begünstigt, dass nicht der Silbenauslaut sondern der folgende Consonant (*r l n w*) es ist, welcher die
Fortis entstehn lässt (K. *tsœntymmœ* 'zu Ende herum' könnte
alte *ǰ*-Gemination enthalten). Zur Lösung der Frage müsste
reichlicheres Material aus den Mundarten vorliegen. Vorläufig ist es zu bezweifeln, ob in den genannten Wörtern
das einstige Silbenauslautsgesetz sich spiegelt.

§ 26. Wir können das Obige in die Sätze zusammen-
fassen: unsere Mundarten kannten für sonore und stimmlose
Lenis nach kurzem starktonigem Vocal eine Intensitätsabstufung, welche sich nach ihrer Silbenstellung regelte. Die
Lenis wurde zur Fortis geschärft, wenn sie sich tautosylla-
bisch an den Vocal anschloss, sei es, dass sie selbst oder
ein folgender Consonant die Silbe auslautete. Wurde die
so entstandene Fortis unter minder energischem Accent geschwächt, so trat gleichzeitig Dehnung des Vokals ein. Der-

selben Schwächung und Vocaldehnung waren Stämme mit
primärer Fortis ausgesetzt. Taktauslautstellung der Fortis
war dazu erforderlich. — Die Intensitätsabstufung ist als
lebendiges Gesetz den Mundarten nicht erhalten.

In Bst., welches alle kurzen Vocale vor Lenis gedehnt
hat, regelt sich das Verhältnis von Lenis und Fortis nach
dem einfachen Prinzip: auf starktonigen kurzen Vocal folgt
stets Fortis, sonore oder stimmlose; Lenis findet sich nur
nach starktonigem langem Vocal, nach schwachtonigem
Vocal oder nach Cons.

§ 27. Während jene besprochene Intensitätsabstufung,
die lediglich vom Accent und von der Silbenstellung bedingt
wird, für unsere Ma. ein todtes Gesetz ist, welches heute
keinen beweglichen Lautwechsel mehr veranlasst, treffen wir
eine andere Erscheinung, welche von der vorigen durchaus
unabhängig ist, und welche in der lebenden Ma. die meisten
consonantischen Lautwechselfälle bestimmt.

Winteler weist KM. S. 144 auf sie hin. Wir können
die Regel, zum Mindesten für die Ma. Bst., in folgender
Fassung geben: stimmlose Lenis und Fortis bewahren ihre
gegensätzliche Natur nur in sonorer Umgebung. Treffen
zwei oder mehr stimmlose Laute zusammen, so erhalten ihre
Articulationen eine gewisse mittlere Intensität, kräftiger als
die der Lenis, etwas schwächer als die der Fortis. Wir
können für diese Laute die Bezeichnung 'neutrale' brauchen.
In der Schrift ein besonderes Zeichen für sie zu verwenden,
geht aus praktischen Rücksichten nicht wohl an, obgleich es
wünschenswert wäre. Ich gebe sie bei den Verschlusslauten
mit den Fortiszeichen wieder; bei den Reibelauten müsste
ich konsequenter Weise die Doppelzeichen setzen; doch entstehn dadurch zu lästige Buchstabenhäufungen, so dass ich
das einfache Zeichen wähle. Verwirrung kann ja nicht entstehn, sobald man sich gegenwärtig hält, dass in einer Gruppe
von stimmlosen Cons. jeder den besagten neutralen Stärkegrad besitzt.

Anmerkung. Im Obigen habe ich bei der Erörterung von anl.
Lenis und Fortis, um nicht zu verwirren, diese genauere Orthographie
nicht angewendet, sondern mich an das etymologisch zu Abstrahierende

gehalten. Für *dɾǫlə, gɾǭm, bšęuə, ghèɾə* wäre also richtiger zu schreiben *tχǫlə, kχǭm, pšęuə, ǩèɾə* u. s. f. Im Folgenden werde ich den ausgesprochenen Grundsatz stets innehalten.

§ 28. Der Gegensatz dieses Gesetzes gegen das vorige ist ein dreifacher: 1) beruht es auf Combination mehrerer Cons., was beim vorigen nicht der Fall war; 2) ist es gleichgiltig, ob kurzer oder langer Vocal vorausgeht; 3) verhalten sich die sonoren Cons. nur passiv dabei. Auf letztern Punkt ist Nachdruck zu legen: *kχīnə* ('greinen'), *šæmə* ('schäumen'), *walə* ('wülzen') behalten in *kχīnt, šæmt, walt* (3. Pers.) ganz ebenso ihre Lenes *n, m, l,* wie *špinnə* ('spinnen'), *swimmə* ('schwimmen'), *fallə* ('fallen') in *špinnt, swimmt, fullt* ihre vollen Fortes behalten. — Nur éinen Widerspruch gegen diese Regel kenne ich in Bst.: zu *fɐl* 'faul' mhd. *vūl* gehören *fullkxəd* 'Faulheit' mhd. *vūlecheit* und *fulltsį* 'ein Ballspiel' (s. Id. I 824) mit Fortis *ll* und dadurch bedingter Kürze *u*. Der Fall ist mir rätselhaft (wenn er nicht etwa zu § 50 zu stellen ist?).

§ 29. Durch das mannigfache Zusammentreffen stimmloser Consonanten im Wort- und Satzsandhi entsteht so eine Variierung der etymologischen Entsprechungen. Neben *synntig, męntig, fχitig* ('Sonntag, Montag, Freitag') mit entschiedener Fortis *t* wegen der sonoren Umgebung haben wir *tsįštig, dǫnnštig, sammštig* ('Dienstag, Donnerstag, Samstag') mit unverkennbar schwächerer Articulation des *t* wegen des vorangehenden stimmlosen Lautes *š*. Ebenso *inntɭ̨ugə* 'in die Augen', *anntlɛ̨də* 'an die Läden', *gę̄gətwįnntələ* 'gegen die Wanzen' mit Fortis *t*, aber *uftɭ̨ugə* 'auf die Augen', *leštlammpə* 'lösch die Lampe' mit dem neutralen *t*. So *himmpērį* 'Himbeere' mhd. *hintber*, gegen *ęχpērį* 'Erdbeere' mhd. *ërtber*.

So beweist in *hammpəχsmā* 'Handwerksmann' die Fortis *p*, dass wir ein *hant-* anzusetzen haben; in *hɛ̨nntsə* 'Handschuh' bleibt es ungewiss, ob das neutrale *t* ein *d* oder *t* fortsetzt.

Andrerseits sprechen wir in *fimmfį* '5' deutliche Lenis *f*, in *fuftsɛ̨, fuftsig* '15, 50' den stärkern Laut. So in *pχēfəɾ* 'braver', aber *dəχpχēfšt* 'der Bravste'.

§ 30. Wir haben oben § 10 angedeutet, dass *r* sich im Lautsystem von Bst. als Lenis zu der Fortis *χ* stelle. Dies zeigt sich eben darin, dass sie sich im gleichen neutralen Laut begegnen. *fīχtig* (mhd. *vîrtac*) ist in seinem *χt* nicht zu unterscheiden von *līχt* 'leicht', *bīχtə* 'beichten' etc. Dass das *r* von Bst. ein stimmloser Laut ist, hat den für die Ma. bedeutsamen Umstand zur Folge, dass die Lautgruppen *rl—rt, rg—rk, rf—rff (rb—rp)* nicht mehr auseinander gehalten werden, während nach den Sonoren *l m n ʋ* Lenis und Fortis streng geschieden sind. Z. B. *ęχtə* 'Erde', *węχtə* 'werden', *wῡχt* 'würde' Conj.' *bῡχtị* 'Bürde', *dǝχ fǫχtər* 'der vordere' haben das nämliche *χt* wie *gaχtə* 'Garten', *dęχt* 'dort' (s. Lex. *dört*), *fῡχt* 'fort', *sǭχtə* 'Sorte'. Analog: *aχk* 'arg', *bęχk* 'Berg', *mǭχkə* 'Morgen' = *mēχkə* 'merken', *ēχkị* 'Erker', *štῡχk* 'Storch' mhd. *storc*. Endlich *dēχfə* 'dürfen' = *węχfə* 'werfen'.

§ 31. Ein Hauptgebiet dieser neutralen Laute ist die Flexion: vor der antretenden stimmlosen Endung fallen die sonst scharf unterschiedenen Lenes und Fortes zusammen: *šnaikə* 'heimlich oder flüchtig ausspühn' mhd. *snöuken* und *tsaigə* 'zeigen' : *šnaikš̌,-t; tsaikš̌,-t; štǫssə,* 'stossen' und *lǫsə* 'hören, horchen' mhd. *losen : štǫst, lǫst; riǝχə* 'riechen' und *riǝrə* anrühren' : *riǝχš̌,-t* für beide; *hȩ̃ʋkə* 'hängen' mhd. *henken* und *lȩ̃ʋǝ* 'langen, reichen' mhd. *lengen : hȩ̃ʋkš̌,-t, lȩ̃ʋkš̌,-t;* beim letzteren Worte hat sich der in anderer Stellung vom Nasal verschlungene Verschlusslaut erhalten. In den meisten Fällen gesellt sich zu diesem Wechsel von Lenis und neutralem Laut ein Wechsel der vocalischen Quantität. Darüber s. u. § 47.

§ 32. In einem Falle hat die geringere Energie des neutralen Lautes der Fortis gegenüber eine abweichende lautliche Bildung veranlasst. Zwischen *n—š̌š̌* und *l—š̌š̌* tritt der Uebergangslaut *t* ein: eine allgemeine Erscheinung in den al. Ma. (analoge Fälle und deren Erklärung s. bei Sievers Phon. S. 240): *menntš̌ə* 'Menschen' *menntš̌ələ* eig. 'nach Menschen riechen', dann 'menschlich i. e. nicht tadelfrei zugehn', *gwῡnntš̌ə* 'gewünscht'; *helltš̌ədə* 'Hülse von Früchten' (setzt ein mhd. **hölschete* voraus, zu *hulsche* s. Lex. *hülse*), *falltš̌* 'treulos, verlogen' mhd. *valsch*, *wȩlltš̌lannd* 'Welschland'. Da-

gegen wo dem *ŝ* ein stimmloser Laut folgt, hat sich dieser
Zwischenlaut nicht oder nur sehr schwach entwickelt: *mịnnŝtər*
'Münster', *wịnnŝtər* 'wünsche dir', *k̑ẹnnŝtərlị* 'Schränkchen' mhd.
kensterlîn, ballŝtļ 'Balstall' n. l., u. a. m. Der Grund wird doch
wohl in der hier verringerten Energie des den Zungenverschluss lösenden *ŝ* zu suchen sein.

Anmerkung. Die in den vorigen §§ besprochene Erscheinung
tritt natürlich auch im Wortan- und -auslaut ein, wenn derselbe, selbst
stimmlos, im Satzzusammenhang in die erforderliche stimmlose Umgebung rückt. Aus der Beobachtung dieses Wechsels ist das bekannte
Notker'sche Anlautsgesetz erwachsen. Dass dasselbe sich auf die Verschlusslaute und (weniger konsequent) den labialen Reibelaut beschränkt,
ist aus graphischen Rücksichten leicht begreiflich; stand doch für *s*
und für *ch* im Anlaut nur ein Zeichen zur Verfügung. Dass dagegen
nur bei dem zweiten der zusammentretenden Laute die Schärfung gekennzeichnet wird, scheint nach der heutigen Sprache zu schliessen
lautlich nicht gerechtfertigt. Hier sowohl, wie im Satzanlaut, der bei
Notker die Fortis zeigt, wird sich zufällige orthographische Tradition
geltend gemacht haben. Gleichwohl ist das Ganze ein Versuch, der
gesprochenen Sprache in der Schrift gerecht zu werden, der von feiner
Beobachtung zeugt (über anderwärtige unvollkommnere Versuche dieser
Art vgl. Grimm, Gr. I² 380 f. Waag, Beitr. 11, S. 84, 86, 97 u. f.) —
Diese Notker'sche Anlautsregel, zusammengenommen mit der Schreibung
der ältern alem. Denkmäler, beweist uns, dass schon damals der gleiche
Lautbestand von stimmhaften und stimmlosen Consonanten vorhanden
war wie in den heutigen hochalem. Mundarten.

§ 33. Von den besprochenen Punkten sind für Bst.,
im Vergleich mit den konservativern Mundarten der innern
Schweiz und also auch mit den für Bst. vorauszusetzenden
ältern Perioden, in erster Linie charakteristisch die Schwächung
der anlautenden Verschlussfortes und die Verschiebung des
stimmhaften Zitterlautes *r* zu einem stimmlosen Reibelaut.

Jene Schwächung, welche die Ma. betroffen hat, hat
zwar, wie wir gesehen, nur einen beschränkten Teil des Lautmaterials in seiner Stellung im mundartl. Consonantensystem
verschoben. Aber auch an den andern consonanten ist sie
nicht spurlos vorübergegangen. Das gesprochene Bst., verglichen mit einem Dialekt der innern oder östlichen Schweiz,
fällt auf durch geringere Energie der Articulation: auch an
den in lautenden stimmlosen Fortes thut sich das kund.
Allerdings wird die Unterscheidung von inl. Lenis und Fortis

von Bst. mit völliger Sicherheit innegehalten: es wäre undenkbar, dass ein *dôpə* (mhd. *tâpe*) — *dǫbə* (mhd. *doben*),
ein *halltə* (mhd. *halten*) — *halldə* (mhd. *halde*), ein *waiss*
(mhd. *weiz*) — *wais* (mhd. *weise*) in Bst. je vermengt würden. Bst. stellt sich hierin in bestimmten Gegensatz zu dem
übrigen niederaleman. Gebiet. Dieser Punkt ist es vor Allem,
welcher Bst. nicht kurzweg zu den elsässischen Mundarten
zählen lässt, zu denen es nach dem Stande der *k*-Verschiebung
und einigem andern gehört, sondern ihm eine Mittelstellung
zwischen jenen und den hochaleman. Dialekten sichert. Gleich
schon in den nächstangrenzenden Ortschaften des elsässisch-
badischen Rheintals fällt die unbestimmtere Aussprache der
inl. Fortis unserm Ohre auf. In St. Ludwig 3,5 km. nw.
Basel hörte ich *dೱŋŋgə* ('denken') *wǫllgə* ('Wolke') für unser
dೱŋŋkə, *wullkə*, während nach kurzem Vokal, in *drųkə* ('drücken')
rųkə ('Rücken'), noch entschiedene Fortis gesprochen ward.
Eine eigentümliche Mittelstellung constatierte ich in Klein-
hüningen, dem 2,5 km. nördlich gelegenen Dorfe des Kantons
Baselstadt: nach langem Vokal wurde Verschlussfortis, nicht
aber Reibelautfortis unterschieden: *dôpə* — *dǫbə*, aber *ǫfə*=*schlǫfə*.
Bst. ist diese Schwächung der Fortis fremd; aber es ist jene
Verringerung des Abstandes zwischen Lenis und Fortis eingetreten, deren Winteler S. 27 gedenkt als eines differen-
zierenden Faktors zwischen verschiedenen Mundarten 'harter
Sprachformen'. So besitzen die Verschlussfortes von Bst.,
soviel ich beobachte, den Lenes gegenüber keine gesteigerte
Exspirationsenergie. Das Moment, welches in K etc. bloss
das accidentielle zu sein scheint (KM. S. 20), die Dauer,
ist in Bst. das essentielle. Bei der Lenis, welcher 'die mo-
mentane Natur Lebensbedingung' ist, erfährt die Luftausströmung kaum eine Hemmung. Zur Bildung der Fortis wird
der Verschlus länger innegehalten. Die zuströmende Luft
übt währenddessen wachsenden Druck aus: so wird auch der
Gegendruck der verschlussbildenden Organe kräftiger. Daher
besitzt die Verschlusfortis bei gleicher Exspirationsstärke doch
eine grössere Spannungsintensität als die Lenis, bedingt durch
die längere Dauer. Auch das Explosionsgeräusch wird ver-
möge der stärkern Luftcompression etwas kräftiger; doch ist

gerade d i e s e r Unterschied zwischen Fortis und Lenis in
Bst. äusserst gering. Schiebe ich in *dǫbǝ* ('droben') zwischen
den langen Vocal und die Vollziehung des Momentanver-
schlusses eine kurze Atempause ein, so ist der akustische
Effekt schwerlich von dem von *dǫpǝ* ('Tatze') zu unterscheiden,
während allerdings das Articulationsgefühl dabei ein wesentlich anderes ist.

Hieraus folgt, dass eine Verschlussfortis von Bst. im
absoluten Anlaut für den Hörenden kaum mehr als Fortis zu
erkennen ist. Dieser Fall kann nun in der Ma., nach dem
Obigen, nur eintreten, wenn gewisse Formen des bestimmten
Artikels einen Satz anlauten. Lehnen sich diese Formen an
einen folgenden Vocal an, z. B. in dem Satze *tǝugǝ djǝmǝr wę*
('die Augen thun mir weh'), so tritt, soviel ich an mir und
Andern beobachtet habe, geradezu Schwächung des anl. *t* zur
Lenis ein: der erste Dental ist für den Sprechenden sowohl
wie für den Hörenden von dem in *djǝmǝr* nicht zu unterscheiden, während in der Verbindung *wenn tǝugǝ wę djǝnd*
'wenn die Augen weh thun', dieser Unterschied strikte beobachtet wird. — Tritt der Artikel *t* mit folgendem *d* zusammen,
z. B. in einem mit *tǝš̌ǝ* ('die Tasche') beginnenden Satze, so
kann die Schwächung zur Lenis natürlich nicht eintreten.
Leicht wird dann also nur der S p r e c h e n d e, weil er das
Articulationsgefühl der Fortis besitzt, sich bewusst sein, dass
ein *tǝš̌ǝ* ('die Tasche'), nicht ein *dǝš̌ǝ* ('Tasche') vorliegt. —
Stösst endlich das satzanlautende *t* mit folgendem *b*, *g* *p̌*, *ǩ*
zusammen, so wird nach meinem Sprachgefühl die Verschmelzung vermieden: man spricht dann *tpakǝ* ('die Backen';
nicht Fortis sondern der notwendig entstehende neutrale Laut);
während im Satzinnern gewöhnlich die Assimilierung bei un-
befangenem Sprechen eintritt: *gēgǝ pakǝ* 'gegen die Backen'.

Anmerkung. Satzanlautendes *t* + *f*, *s*, *š̌*, *r* hat keine Schwierigkeit, weil da sofort die neutralen Stärkegrade sich ergeben, die in
jeder Satzstellung geduldet sind.

Bei den R e i b e l a u t e n müssen wir die s t ä r k e r e
E x s p i r a t i o n als die essentielle Eigenschaft der Fortes an-
erkennen: längere Dauer an sich bewirkt hier nicht grössere
Spannung. Dagegen trägt die schmälere Enge, welche mit

der strafferen Spannung verbunden ist, von sich aus dazu bei,
das Reibungsgeräusch zu verstärken. — Das unterscheidende
Moment der Dauer fehlt jedoch auch bei den Reibelauten
nicht: auch bei ihnen ist die Lenis notwendig momentan.

§ 34. Die längere und die kürzere Dauer der Fortis-
resp. Lenisarticulation erhält bei Reibe- und Vorschlusslauten
ihre ganz besondere Bedeutung durch ihren Zusammenhang
mit dem Stimmton: momentanes Aussetzen des Stimmtons
bedeutet Lenis, längeres bedeutet Fortis. Wenn ich nicht irre
haben wir von dieser Seite aus das Entstehen des oben besprochenen neutralen Stärkegrades zu erklären. Beim Inter-
mittieren des Stimmtons fehlt die Engenhemmung im Kehl-
kopf, ist also die Luftausströmung in das Ansatzrohr bei
gleichem Atemaufwand eine grössere als während der Stimm-
tonentwickelung. Die Lenis erfährt nun die Stärkung durch
die angrenzenden stimmlosen Laute, weil diese letztern die
Unterbrechung der Stimmbänderenge zu einer andauernden,
den Luftzudrang also zu einem stärkern machen, während
bei sonorer Umgebung eben nur für den Moment der flüchtigen
Lenisarticulation jene Unterbrechung einträte. — Dass umgekehrt die Fortis im gleichen Falle eine kleine Reduction
erleidet, möchte darauf beruhn, dass sie gegen die mit der
ungehemmten Exspiration producierten stimmlosen Laute in
ihrer Umgebung sich nicht mit dem gleichen Intensitätsgegen-
satz abheben kann wie gegen die sonoren Laute. So würde
es sich auch erklären, dass die sonoren Cons. den gleichen
Gesetzen nicht unterliegen; denn deren Stärke hängt ja
nicht davon ab, dass die Luft möglichst ungehindert in das
Ansatzrohr strömt.

§ 35. Wir haben bisher der Lenis schlechtweg die
'Fortis' entgegengestellt und müssen jetzt die Frage erörtern:
Sind die Fortes von Bst. unter allen Umständen einfache Fortes,
oder werden sie in den Wortstellungen, in welchen geminierter
Laut überhaupt möglich ist, als Geminaten gesprochen?

Für dasjenige, was man heute meist unter 'Geminata'
versteht, ist entscheidend, dass sich zwei Exspirationsstösse
in den Laut teilen, während die einfache Fortis, so gedehnt
sie sein mag, éiner Silbe angehört. (Sievers, Phon. S. 191 ff.)

Constatieren wir zuerst, dass man für Bst. an Geminaten, wie sie das Italienische besitzt, oder wie sie Stickelberger Schaffhauser Ma. S. 12 ff. beschreibt, nicht denken darf. — In Bst. ist bei den Verschlussfortes ein implosives Übergangsgeräusch nicht vernehmbar. Entsprechend fühlt und hört man bei den Fortes mit andauerndem Geräusch resp. Stimmton keinen Bruch, kein Abnehmen und Wiederzunehmen der Intensität heraus. Ferner erfährt der betr. Laut keine merkliche Änderung, wenn er aus dem Inlaut in den Silbenauslaut tritt.

All dies würde gegen die Geminata sprechen. Andrerseits kann kein Zweifel sein, dass in einem Worte: kurzer starktoniger Vokal + fortis + Vokal (wie z. B. ʋssɔ 'aussen') die Quantität der ersten Silbe nicht abhängig ist von der Quantität ihres Vocals. Denn wenngleich dieser Vocal schwach geschnitten ist und also als Halbkürze oder als Halblänge zu bezeichnen ist, so ist doch dieser Vocal unter keinen Umständen dehnbar: im gewöhnlichen Sprechen ebenso wie in der mundartlichen Verstechnik bleibt er durchaus auf dieses halblange Mass beschränkt. Die Silbe dagegen. deren Sonanten er bildet, ist dehnbar: sie wird gedehnt eben durch Dehnung des nachfolgenden Consonanten. Fiele dieser dem Exspirationsstoss der kommenden Silbe zu, so käme auch seine Längung nicht der voraufgehenden Silbe zu Gute. Da dies aber unverkennbar der Fall ist, muss mindestens der Anfang des betr. Consonanten noch zur ersten Silbe gehören. Am klarsten ist dies bei den sonoren Fortes: diese verdanken ja ihre Stärke gerade dem Umstand, dass ein kräftiger Exspirationsschub nach der Hervorbringung eines kurzen Vokals, noch nicht wesentlich geschwächt, in sie ausläuft (s. o. § 16): sie setzen diesen Stimmton fort und lassen ihn während ihres Verlaufes um ein gewisses Intervall steigen.

Da nun im obigen Beispiel wie in allen andern Fällen der Ma. sicher exspiratorische Silbentrennung, nicht Schallgrenze (Sievers, Phon. S. 189 f.) vorliegt, also nicht ʋssɔ gesprochen wird (wobei allerdings eine Längung des ss der

Quantität der ersten Silbe zu Gute käme); da es ferner nicht denkbar ist, dass der ganze Consonant zur ersten Silbe zu rechnen sei: so bleibt nur die Trennung *ɥs-sɔ* übrig: nach kurzem Vocal sind also Geminaten zu statuieren.

Wenn trotzdem diese Laute, wie wir oben gesehn, weder dem Gefühl noch dem Gehör den Eindruck von echten Geminaten machen, so hat dies seine Ursache in der genannten relativ schwachen Schneidung des voraufgehenden Sonanten. Die Exspiration ist beim Einsetzen des Cons. schon um Einiges von ihrer Anfangsstärke herabgesunken, so dass jener Einsatz mit geringer Energie erfolgt. Daher das Mangeln des Übergangslautes bei den Clusilen. Daher ist auch bei den Reibe- und Sonorlauten kein wahrnehmbares Decrescendo mehr möglich: der Laut erscheint einheitlich bis auf das kurze Anschwellen, welches unmittelbar vor dem Übergang zum folgenden Sonanten sich kundgiebt. Diese Discontinuität ist aber so gering, dass ihre Beseitigung in der Auslautstellung nur aufmerksamer Beobachtung vernehmlich wird.

§ 36. Ich erfahre aus brieflicher Mitteilung von J. Winteler, dass auch die Fortis seiner Kerenzermundart 'mindestens unmittelbar nach kurzem Stammvokal Anteil am betreffenden Silbenexspirationshub' hat und 'also auch in K (und T) in diesem Sinne eine Geminata' ist. 'Der Grad, in welchem sie dies ist, variiert indessen sogar bei verschiedenen Individuen innerhalb der Sprachgemeinschaft K und bei dem nämlichen Individuum, je nach dem Nachdruck der Silbe im Zusammenhange der Rede'. 'Es lässt sich nur negativer Weise die Bestimmung aufstellen, dass gegenwärtig in der angegebnen Stellung die Fortis niemals blosser Anlaut der folgenden Silbe ist'.

Im Gegensatze zu den mittel- und niederdeutschen Ma. spricht man obd. '*Vät-ter*, *Wäs-ser*, *Wĕt-ter*, variierend nur im Nachdruck und in der Dauer der Abschnellung des in die Fortis hineinfallenden Silbenstosses. In einem Teil der ostschweizerischen Mundarten, wozu T gehört, hat sich allerdings der Silbenstoss aus der inlautenden liquiden Fortis ganz zurückgezogen, in Folge dessen ist aber auch

die Fortis ganz zur Lenis geworden vgl. Ker. Ma. S. 66 u. f.
Das ist eine historisch gewordene Thatsache'. — 'Die Silbentrennung *potæ* (geboten) als *po-tæ* ist also für KT und die
ganze Sippe falsch'.

Man sieht, ein Unterschied zwischen den vollern Geminaten mancher Maa. und den geschilderten von K. Bst. u. a.,
welchen Stickelberger a. a. O. nachdrücklich in Anspruch
nimmt, bleibt bestehen. Nur ist derselbe eben kein prinzipieller
sondern ein gradueller. Der Nachdruck muss dabei weniger
auf die Dauer gelegt werden: freilich wird die vollere
Geminata in der Regel sich auch, beim gewöhnlichen raschen
Sprechen, durch längere Dauer vor der schwächern Geminata
auszeichnen; aber, wie wir gesehen, kann auch diese letztere
beliebige Längung erfahren, ohne deswegen der ersteren
gleich oder nur ähnlich zu werden. Das Wesentliche liegt
also, soviel ich sehe, in der stärkeren oder schwächeren
Schneidung des vorangehenden Sonanten. Die starke Schneidung bewirkt, dass bei den Verschlusslauten ein Implosiv-
geräusch entsteht, und dass bei den Reibe- und Sonorlauten
ein kräftiger Anfang des Geräusches dem kräftigen Ausgang
gegenüber steht: beides erzielt den Effekt eines gewisser-
massen doppelten, geminierten Lautes. Bei der schwächern
Schneidung überwiegt der mit dem folgenden Exspirationsstoss gebildete Ausgang des Cons. so sehr dessen energie-
armen Einsatz, dass jener Effekt nicht entsteht; bei den
Verschlusslauten fällt daher ausser der Pause nur das Explosiv-
geräusch in die Ohren: man kann sie allenfalls als Zusammensetzung von Lenisverschluss und Fortisöffnung bezeichnen. Zwischen diesen Extremen vermitteln Übergangsstufen.

§ 37. Es erscheint mir zweifelhaft, ob in Maa., welche wie
die obd. nur exspiratorische Silbentrennung kennen, ein Wort
nach dem obigen Schema: kurzer betonter Vocal + Fortis
+ Vocal überhaupt anders als mit Geminata (im weiteren,
prinzipiellen Sinne des Wortes) kann gesprochen werden.

Während also für diesen Fall innerhalb der Mundarten
mit Druckgrenze nur graduelle Verschiedenheiten aufzustellen
sind, besteht der prinzipielle unverwischbare Gegensatz gegen

die Sprechweise mit Schallgrenzbildung, wie sie uns im Munde der Norddeutschen und im Allgemeinen in der Bühnensprache entgegentritt. Indem hier ein Wort nach dem obigen Schema vom Anfang zum Ende hin éinem intensiv absteigenden Atemstosse zufällt, muss der Anfang des betr. Consonanten gegen seine zweite Hälfte überwiegen. Zwischen d i e s e r Aussprache und der von Mundarten mit schwacher Geminata (Bst. K etc.) besteht also in dieser Beziehung der direkteste Gegensatz.

Diejenigen Mundarten, welche die inlautende Fortis eingebüsst haben. wie die elsässischen, besitzen naturgemäss auch keine Geminatenarticulation mehr. Dies zeigt sich wiederum deutlich daran, dass sie in einem unserm *ɰssə* entsprechenden Worte die Stammsilbe nicht längen können: der Vocal ist kurz, und der Consonant fällt als Lenis zur folgenden Silbe.

§ 38. Es scheint bezeichnend für die Idiome mit starker Geminata zu sein, dass sie nach kurzem wie n a c h l a n g e m Vocal (und wohl auch nach Sonorcons.) einen gleich unverkennbaren 'doppelten' Laut sprechen. (Stickelberger S. 13 f.) Nicht so bei der andern Gruppe. Winteler hat K. M. S. 143 die Fortes in dieser Stellung g a n z d e r f o l g e n d e n S i l b e zuschreiben wollen. Neuerdings lässt er die Möglichkeit offen, dass auch in KT 'auch nach langem Vocal, Diphthong und teilweise auch nach Liquide' der Anfang der Fortis in die erste Silbe falle; 'wobei indessen der Nachdruck im Redezusammenhange noch empfindlicher mitspricht als nach kurzem Vocal'. Auch für Bst. wage ich nicht hierüber nach dem blossen Gefühl und Gehör auszusagen. (Deutlich ist also das Verhalten hier ein sehr anderes als in S). Das Hauptkriterium lässt uns hier im Stich: der Anteil des Cons. an der Silbenquantität. Wird ein Wort wie *hǫ̈kɔ* ('Haken') oder *hɐ̈mɔkɔ* ('hängen') gedehnt, so geschieht das durch Längung des *ǫ̈* resp. des *ɰɰ*: dem *k* ist seine Quantität ein für allemal zugemessen. Wie sich diese auf die Silben verteilt, ist schwer zu entscheiden. Und von einem Bruch in der Exspiration kann hier, bei dem ganz energielosen Einsatz des Verschlusses resp. (bei *hɐ̈mɔkɔ*)

ganz sanften Ausklingen des Stimmtons und Hebung des
Segels, fürs Gefühl keine Rede sein.

Nun ist aber zu erwägen, dass das Gebundensein der
Fortes an eine voraufgehende starktonige Silbe (s. o. § 6 u.
12) nicht anders verständlich wird, als dadurch, dass der
betr. Starkton unter allen Umständen Anteil hat an der Hervorbringung der folgenden Fortis, nach langer Silbe ebensowohl wie nach kurzer. Dazu kommt noch Folgendes. Auch
in Bet. machen wir die Beobachtung, dass die stimmlose
Fortis nach kurzem Vocal etwas stärkere Spannung besitzt
als nach langem oder nach Sonorconsonanten, mag es sich
auch fürs Gehör kaum geltend machen (vgl. Sievers S. 186).
Der Grund hievon kann nicht darin liegen, dass dort Geminata, hier einfache Fortis gesprochen wird; denn der Unterschied ist bemerkbar, auch wo der Cons. im Auslaut steht.
Er beruht also darauf, dass dort, nach der kurzen Silbe, der
Exspirationsstoss noch nicht so viel von seiner anfänglichen
Stärke herabgesunken ist wie hier, nach der langen Silbe;
dass darum der Einsatz des folgenden Cons. dort mit unver-
brauchtern Mitteln geschieht als hier. Auch dies spricht
dafür, dass auch nach langem Voc. und Sonorcons. der erste
Teil der inl. Fortis zur voraufgehenden Silbe gehört, und
die geminierten Laute folglich nicht auf die Stellung nach
kurzem Vocal beschränkt sind.

Die sonoren Consonanten verhalten sich hiebei anders.
Der Luftstrom hat ein Hindernis mehr, die Stimmbänderenge,
zu überwinden. Darum ist die Quantität der vorausgehenden
Silbe, welche bei den Stimmlosen nur wenig modifizierend
wirkt, für ihren Stärkegrad entscheidend: nach langem Voc.
kann nur Lenis stehen.

—

KAPITEL II

DIE QUANTITÄT DER STARKTONSILBEN.

§ 39. Die Fortes, welche das Ahd. nach der zweiten Lautverschiebung besass, waren sämtlich Geminaten[1] mit Ausnahme der *t* = germ. *đ*. Sie bildeten daher unter allen Umständen einen consonantischen Abschluss ihrer vorausgehenden Silbe. So konnten nach dem Grundsatz, dass eine Silbe nur dann prosodisch kurz ist, wenn sie auf einen kurzen Vocal ausläuft, bloss diejenigen Silben kurz sein, denen eine Lenis oder *t*, und zwar mit Anlehnung an die nächste Silbe, nachfolgte.

Dieses Verhältnis erfuhr dadurch zunächst eine wesentliche Umgestaltung, dass jenes *t* nicht mehr als einfache Fortis mit éinem Exspirationsstoss gesprochen wurde, sondern an die vorausgehende Silbe sich anlehnte, also mit der alten Gemin. *tt* zusammenfiel und in eine Linie mit den übrigen Geminaten rückte. Fortan war also kurzer Voc. + Fortis eo ipso prosodische Länge.

Anmerkung. Von Kräuter, Alem. V 186 f., finde ich auf diesen Vorgang aufmerksam gemacht. Wie gross das Gebiet ist, über welches er sich ausdehnt, vermag ich nicht anzugeben. Sicher über die Schweiz und — nach Kräuter — über das ganze Elsass. — Man vergleiche mit dieser historischen Beseitigung der nicht geminierten Fortes das in § 37 Bemerkte.

---

[1] Genauer ausgedrückt: sie wurden als Geminaten gesprochen in jeder Lautumgebung, welche Geminatenarticulation überhaupt zulässt.

Die Denkmäler geben, vom Ausgang des 13. Jahrh.
ab, dieser Erscheinung dadurch Ausdruck, dass sie meist ganz
consequent nach kurzem Vocal *tt* für altes *t* schreiben, während nach langem die Schreibung *t* bleibt. *t* tritt also in
völlige Parallele zu *f*, welches auch nach langem Vocal seit
Alters einfach gesetzt wurde, obwohl es hier so gut wie nach
kurzem eine Fortis (und gewiss auch eine Geminata) war:
die Lenis *f* hatte ihr besonderes Zeichen *v* (s. Paul, mhd.
Gr. § 6, 7). Das einstige ʒʒ war in jener Zeit schon mit
ss zusammengefallen und erhielt auch nach langem Voc. die
Doppelschreibung *ss*, weil hier zur Unterscheidung der häufigen Lenis *s* kein besonderes Zeichen mehr zu Gebote stand.
Übrigens kommen einfache *s* für *ss* nach langem Voc. auch
vor, aber sie werden nicht zur Regel wie das einfache *f*.
Bei dem Doppelzeichen *ch* lag die zwiefache Schreibung von
vornherein ferner; einzelne Versuche dazu s. bei Weinhold,
alem. Gr. § 221. Ich führe aus den Urk. von 1277 bis
gegen Ende Jahrh. die Belege für *tt* — *t* an:

gottis, stette (gen. zu *stat*), *ratter, bette* (mhd. *bëte*), *da
mitte, hatte hette;* aber *Gōta, rvitinon, lvite, mûter, gûtes,
baten, rate, Rôtenlein, stete und reste, lôtig, bereitet.*

§ 40. Für das Gebiet, welchem Bst. angehört, ist nun
Dehnung aller silbenauslautenden Vocale eingetreten. Mit
andern Worten: alle prosodisch kurzen Silben der alten
Sprache wurden prosodisch lang durch Dehnung ihres Vocals.

Beispiele: *sĩ* 'sie' mhd. *si* (diese Form ist die voraus-
zusetzende); *wēbə* mhd. *wëben, bǫdə* mhd. *bodem, lǖgi* 'Lügner'
cf. mhd. *lüge* adj., *hafə* 'Topf' mhd. *haven, jēsə* 'gähren' mhd.
jësen. bĩrə 'Birne' mhd. *bire, walə* 'wälzen' mhd. *walen, pχēmə*
'Bremse' mhd. *brëme, bĩni* 'Zimmerdecke' mhd. *büne* u. v.
a. m.

Es ist dies einer der wichtigsten Unterschiede gegen die
Dialekte der innern und östlichen Schweiz, welche in all diesen
Fällen die vocalische und damit die silbige Kürze bewahrt haben.
Ein grosser Teil des rechtsrheinischen Aleman. stellt sich in
dieser Hinsicht zum Schweizerischen (Birlinger, Alem. Spr.
rechts des Rheins S. 45). Dagegen hat das an Bst. nächst-
angrenzende Schweizergebiet, Bld., welches mit jenen Maa.

die *k*-Verschiebung und die Erhaltung der palatalen Vocale mit
Lippenrundung teilt, diese Dehnung gleichfalls mitgemacht.
Dieses Gebiet hat auch (s. o. § 7 Anm.) die alten anl. Fortes geschwächt. Ob beide Erscheinungen nach Südosten zu wohl
gleiches Verbreitungsfeld haben? Ein innerer Zusammenhang
der beiden ist schon deshalb unwahrscheinlich, da jenes
rechtsrheinische Gebiet mit Erhaltung der Kürze, soviel sich
aus Birlinger S. 125, 142 schliessen lässt, doch die anlautenden Fortes nicht mehr kennt.

Dieser Dehnung sind in Bst. allein entgangen einzelne
als Interjectionen gebrauchte Wörtchen wie *apä* (Ton auf
der zweiten Silbe) 'ach was!' *jḛ* lebhaftes 'ja!' gegen das
sonstige *jǫ*; *sč* 'da nimm!' Bei letzterem, mit mhd. *sē*, got.
sai verglichen, liegt sogar Kürzung alter Länge in unge-
deckter Silbe vor. Dies sind die einzigen echten, undehn-
baren Silbenkürzen von Bst. Sie sind bedingt durch den
stets mit ihnen verbundenen energischen Accent. (vgl. oben
§ 22.)

§ 41. In Wörtern wie *hǫfmā* Familienname Hoffmann,
hafnər 'Hafner', *mẹsmər* Familienname mhd. *mesnære*, *wīdnə*
'widmen' (auch der Zürcher *Bǒdmer* wird in Bst. zu *Bǫdmər*)
wird die Consonantengruppe, obwohl eine derartige im etymologischen Anlaut von Wörtern nicht vorkommt, zur folgenden Silbe gezogen, sodass der Vocal die Dehnung erfahren
muss.

§ 42. Nach dem in § 26 Gesagten waren Wörter mit
kurzem Voc. + Lenis, wenn diese Lenis in den Silbenauslaut
trat, nicht unbedingt der Dehnung unterworfen. Unter
energischer Betonung blieben sie vocalisch kurz mit Verhärtung der Lenis zur Fortis. Die Reste davon *əwẹk*, *gip*,
txap s. ib. Nur wenn im Taktende bei stumpferer Betonung
diese ausl. Fortis Schwächung erfuhr, wurde der Vocal gedehnt, obwohl er hier nicht im Silbenauslaut stand, weil eben
kurzer Voc. + tautosyllabische Lenis nicht sprechbar war.
In Bst. mussten ausserdem die gedehnten Inlaute auf die
Dehnung der ausl. Formen vorbildlich einwirken.

§ 43. Bei den sonoren Consonanten spielt diese Silben-
auslautstellung nach kurzem Vocal, welche Fortis bedingt

und Vocaldehnung verhindert, eine grössere Rolle. In éinem
Fall liegt sogar deutlich die Wirkung des verschiednen Acc. vor
uns: das emphatische *jọ wǫll*, bekräftigender Ausruf, steht dem
sonstigen *wǫl* mhd. *wol* gegenüber; hieher noch *wǫllfj* 'wohlfeil'.
Ferner *tsịmmlịg* 'ziemlich' mhd. *zimlich*, *Kụmmlịg* 'kommlich
= bequem' mhd. *komlich*, *nẹmmlịg* 'nämlich' mhd. *nemlich*;
ị nịmm 'ich nehme', *ị Kụmm* 'ich komme', *ann* 'an', *ịnn* 'in';
bei folg. Cons. *nịmmẵ, -t*, *Kụnnẵ, -t* 2. 3. Pers. sing. zu *nẽ*
'nehmen', *Kọ* 'kommen' u. s. f.

Hieher vor Allem die Reihe von Wörtern, in welchen
n, m vor *r ļ m, u* stand: *hịmmļ* mhd. *himel*, *hammļ* mhd.
hamel, *sammlə* zu mhd. *samenen*; *sụmmər* mhd. *sumer*, *nụm-
mərə numerus*, *hammər* mhd. *hamer*, *Kammərə* mhd. *kamere*;
nammə mhd. *name*, flect. *namen*, *šẹmmə* mhd. *schẽmen*, *tsẹmmə*
mhd. *zemen* ('zusammen'); auch *Kemmị* 'Kamin, Schornstein'
mhd. *kémin*, und *Kịmmị* 'Kümmel' mhd. *kumin* werden wegen
des *n* der Endung herzuziehen sein; *kχịnnə* 'gegreint' mhd.
grinen pp. zu *grinen*; *annṃ*, *ịnnṃ*, *fẹnnṃ* 'an, in, von ihm'
u. s. w. Wir müssen annehmen, dass all diese Sonorconsonanten, welche die zweite Silbe ausmachen, in der Flexion
und im Satzzusammenhange als nichtsilbenbildend erscheinen
konnten: dadurch kam der stammhafte Sonorcons. vor ihnen
in Silbenausl. zu stehen, wurde Fortis, und die Dehnung des
Voc. unterblieb; z. B. der *him(e)l* ist > *himm-l* ist. Dass
bei nichtsonorem Stammauslaut diese selben Endungen nie
Schärfung zur Fortis veranlassten, dass es immer mit Lenis
lautet *fadə* mhd. *fadem*, *sịdər* mhd. *sider* ('seither'), *nagļ*
mhd. *nagel*, *dáfələ* mhd. *tavele*, *wịsļ* mhd. *wisel*, erklärt sich
einfach daraus, dass wenn jene Endungen consonantisch
fungierten, die Gruppen *dm, dr, gl, fl, sl* naturgemäss zur
folgenden Silbe fielen, was bei den obigen *mn, ml* etc. nicht
möglich war.

§ 44. Doppelformen unter verschiedenen Bedingungen
haben wir entwickelt in den Partikeln *an* und *von*. *an* als
erstes Glied einer Compos. steht regelmässig am Schlusse
eines Satztaktes, kann folglich sein *nn* erweichen und den
Voc. dehnen (wozu noch Abfall des *n*): *afọ* mhd. *an(e)vân*
'anfangen', *alụəgə* mhd. *anluogen* 'anschauen', *araxə* 'Anlauf'

vgl. mhd. *ranc* u. a. Die entsprechend entwickelte Gestalt
liegt auch in *tχa* mhd. *darun* vor. Als Präp. hat das Wort
die andere Form, *ann*, verallgemeinert (s. o.): in *annịs* 'an
uns', *anniχ* 'an euch' z. B. hätte sich lautl. nur *anịs, anịχ*
bilden können, da *n* hier nicht silbenausl. ist. In unbet.
proclitischer Stellung konnte weder Fortis noch langer Voc.
entstehen; zudem sollte das *n* fallen. Andere Dialekte, z. B.
das obere Bld., bieten auch wirklich dieses *ă* z. B. *a dər
mŭrə* 'an der Mauer'. In Bst. aber hat auch hiefür jenes
an(n) sich festgesetzt, welches übrigens auch unbetont vor
Vocal sich entwickeln musste. Gleich steht es mit der Präp.
ịnn. Dagegen ist bei *von* die gelängte Form *fǭ*, welche im
Adv. *dəχfǭ* mhd. *dâvon* vorhanden ist, auch für den procli-
tisch präpositionellen Gebrauch verwendet worden: die
Vocallänge ist dabei geschwunden, aber das geschlossene *ǫ*
verrät, dass nicht ein apocopiertes *fǫnn* vorliegt. *fǫnṃi,
fǫnnənə, fǫnnərə* 'von ihm, von ihnen, von ihr' sind lautgesetzlich, *fǫnnịs, fǫnniχ* analogisch, wie oben bei *an*. In der
Verbindung mit *dər* 'der, dir' hat sich die geschwächte Form
eingedrängt: *fǭdər* gegen *anndər*. *von* als haupttonige Vorsilbe bei Familiennamen hat die starke Form *fǫnn* durchgeführt: *fǫnnšpịr* 'Vonspeyr', *fǫmmpχunn* 'Vonnbrunn'; in
fǫnndərmị̄l 'VonderMühll' konnte gar nicht Schwächung
der Fortis und Vocaldehnung eintreten, weil *nn* hier nicht
den Takt schliesst.

Das negat. *un* als haupttoniges erstes Compositionsglied
stand in der Mehrzahl der Fälle im Taktschluss, musste also
wiederum je nach dem Accent doppelten Weg einschlagen.
Die geschwächte Form *ŭ* ist vom obern Bld. verallgemeinert
(Seiler S. 297), von Bst. die mit erhaltener Fortis: *unnǭrniϧ*
mhd. *unordenunge, unnəgatiϧ* 'unartig' d. h. nicht wie es einem
gate, Genossen, ziemt, *unnəḱummliϧ* 'unbequem' vgl. mhd.
unkumenlich, u. a. In *unnənmị̄utiϧ* 'unanmutig = unangenehm'
steht *n* nicht im Silbenschluss, hätte daher nur *ūnə-* lautlich
entstehen können.

In *dẹmm, wẹmm* mhd. *dĕm, wĕm* ist die Kürze + Fortis,
in *ịm* mhd. *im*, *ịn* mhd. *in*, *hị̄* mhd. *hin*, *bị̄* mhd. *bin*, *ksị*

'gewesen' mhd. *gesin* (mit kurzem *i* anzusetzen) die Länge
+ Lenis zur Alleinherrschaft gekommen.

Anmerkung. Dagegen gehen *tsellə* 'zählen', *šellə* 'schälen', *gwennə*
'gewöhnen' auf die Formen mit alter Geminata mhd. *zellen, schellen,
gewennen* zurück (Paul, mhd. Gr. § 75 Anm.).

§ 45. Ein besonderer Fall der Dehnung muss hervor- .
gehoben werden. Vor *χ* als einer Fortis ist nach dem Haupt-
gesetz die Dehnung unterblieben: *pχeχə* 'brechen', *blaχə*
'Decke'. zu mhd. *blahe* (westgerm. *n*-Gemination) u. s. f.
Nun haben wir aber *štāχļ* zu mhd. *stahel* 'Stahl', *tsëχə* zu
mhd. *zëhen* '10', *tswё̄χələ* zu mhd. *twehele* mit Dehnung des
Voc. Dieses *χ* kann also nicht auf westgerm. Gemination
beruhen, sondern muss viel später, erst nach der Zeit der
grossen Vocaldehnung, aus *h* geschärft worden sein. Damals
war immer noch das Gesetz lebendig: inl. *h* schärft sich zu
χ, wenn es in den Silbenausl. tritt; diese Bedingung wurde
aber in den gen. Wörtern dann erfüllt, wenn die Endungen
in Flexion oder Wortfolge den sonantischen Wert verloren.
Die Erscheinung reiht sich an die von § 43. Die nichtdehnenden
Schweizerdialekte geben natürlich kein Mittel an die Hand,
um das Alter ihrer *h*-Schärfungen zu bestimmen. Aber nach
diesem Zeugnis von Bst. bin ich doch geneigt, die Mehrzahl
der Fälle dieser jungen 'Gemination' zuzuschieben. Mit dieser
Reserve ist demnach die Einreihung Kauffmanns Beitr. 12,
524 aufzunehmen (vgl. u. § 71).

§ 46. Zu den bisherigen spontanen Dehnungen im
Silbenauslaut kommt die von speciellem conson. Einfluss bedingte **durchgehende Dehnung vor allen mit *r* beginnenden Cons.-Verbindungen**: Beispiele: *rr*: *dĩr*
'dürr, getrocknet' mhd. *dürre*; *flẽrə* 'breiter Schmutzfleck'
mhd. *vlerre*; *gikẽr* 'kreischendes Gezänke' zu mhd. *kërren*;
wĩrlədə 'Wirrwarr von Garn' zu mhd. *wirren*; *pfarər* 'Pfarrer'
mhd. *pharræære*; u. s. *r* + Cons.: *štẽ̄rpəd* 'das Sterben,
Pest' mhd. *stërbet*; *dōχkə* 'an etwas herumpfuschen, sudeln,
verschmieren' wird mit Begriffserweiterung aus mhd. *torken*
'keltern' zu leiten sein (vgl. o. § 5 *drŭələ*); *šĩχpfə* 'schürfen'
mhd. *schürfen*; *dŭχšt* mhd. *durst*; *mŏ̄rn* 'morgen, cras' mhd.

morn, dŷrn mhd. *turn* 'Turm'; *šẹrmə*, m. 'Schirmdach, Geborgenheit' mhd. *schërmen* n., *Kẹrlị* 'Kerl' mhd. *kerlin*, etc.

§ 47. Im Folgenden erörtere ich die Fälle, bei welchen es z. T. zweifelhaft sein kann, ob sie Erhaltung der alten Kürze oder Kürzung einer secundären Länge repräsentieren, zusammen mit denjenigen, bei welchen sicher Kürzung von Länge vorliegt. Der ganzen Gruppe liegt nämlich die Schärfung einer stimmlosen Lenis durch nachfolgenden stimmlosen Laut zu Grunde: vor dem so entstehenden neutralen Laute, wenn derselbe Verschlusslaut ist, tritt regelmässig Kürze des einfachen Vocals ein; der Diphthong bleibt erhalten.

a) *jakt* 'Jagd' mhd. *jagede*, *makt* mhd. *maget*, *fǫkt* mhd. *voget*, *maksǫmə* mhd. *magesâme* (vgl. Kauffmann, Beitr. 12, 521), *kχadɔwẹks* 'geraden Weges', *pχǫpšt* mhd. *probest*, *ǫps* 'Obst' mhd. *obez*, urk. 1274 *Obser* 'Obsthändler'; *lẹptịg* mhd. *lëbetac*, *lẹpkⁿⁱⁱⁱⁱⁱⁱⁱⁱ* mhd. *lëbeknoche;*

b) Wechsel in der Verbalflexion und im Satzsandhi: *hẹbə* 'halten' mhd. *heben*, welches die Bedeutung von *haben* nach dessen sinnlicher Seite übernommen hat (Lex. I 1133): *heps, -t* II. und III. P.; pl. *hẹbə*, pp. *Kept; hẹbmị* 'halt mich', *hẹbm̥* 'halt ihn' — *heptị* 'halte dich', *heps* 'halt es' u. s. f. Genau entspricht der Wechsel von *lẹg — lek* bei *lẹgə* 'legen'. Zu *rẹdə* 'reden' mhd. *reden: ị rẹd, də retš, ɔr ret, mɔr rẹdə;* pp. *kχet; ị sāgm̥* 'ich sage ihm', aber *ị saktɔr* 'ich sage dir'; *ẹb* 'ob' mhd. *öbe: ẹbị, ẹbɔr, ẹbmɔr* 'ob ich, ob er, ihr, ob wir' — *eptə, epsị* 'ob du, ob sie';

c) *fχṏgə* 'fragen' mhd. *vrâgen*: II III P. *fχǫkš, fχǫkt;* pp. *kfχǫkt; fχǫk tẹ dǫ* 'frage den da' u. s. f. ganz wie oben. So *wǫgə* 'wagen' mhd. *wâgen*, *gǫbə* 'Brautgeschenk geben' mhd. *gâben; blịbə* 'bleiben' mhd. *beliben: blịpš, -t, bliptəχpī* 'bleibe dabei' etc. *šnịdə* 'schneiden' mhd. *sniden: šnịbmịnịt* 'schneide mich nicht' — *šnịtịnịt* 'schneide dich nicht'; *sịg* 'sei' Imp. mhd. *sig* (Weinhold, al. Gr. S. 351) — *sịksɔgyɔt* 'sei so gut'; *ẹb* 'ehe, bevor' aus *ê öb* (vgl. W. Vischer, Beitr. zur vaterl. Gesch. von d. hist. Ges. in Basel, IX, S. XXIII²) *eptəgǫšš* 'ehe du gehst' u. s. w.

Vor den Reibelauten dagegen tritt diese Kürzung nicht ein: *lẹsə — līst* 'lese, liest', *pfῠsə — pfῠst* 'aufgischen' mhd. *phûsen*.

Anmerkung 1. Es ist beachtenswert, dass es zwar *fχǫkt*, *gǫpt* heisst, aber zu *šnǫkə* 'wie eine Schnake herum stöbern', *dǫpə* 'mit der *tápe*, Pfote betasten' mit konstanter Fortis, niemals -*ǫkt*, -*ǫpt* sondern stets -*ōkt*, -*ōpt*, obgleich ja in diesen Formen die gleichen Lautkomplexe vorliegen. Wir sehen daraus, dass das Plus von Exspiration, welches dort die Lenis durch den Zusammenstoss mit der Endung erhielt, der Exspiration des langen Vocals abgezogen wurde. Bei der etym. Fortis dagegen wirkte jenes Zusammentreffen nicht verstärkend. Der Fall scheint mir aber prinzipiell merkwürdig, da er die unbewusste Oekonomie der lautbildenden Mittel, welche einer Silbe zum Voraus ihr bestimmtes Mass von Exspiration zuteilt, beleuchtet (vgl. auch Sievers, Phon. S. 236 Anm).

Anmerkung 2. Wenn oft *gōpš gōpt*, *šrīpš*, *šrīpt* gesprochen wird statt der kurzvocalischen Formen, so ist es die naheliegende Angleichung an die langvocalischen, die I. sing., den plur. etc. Naturgemäss geschieht dies am ehesten bei den minder häufigen Wörtern, nie z. B bei *fχōgə*. Beim Subst., wo nur im Satzsandhi die Kürzung entstehen könnte, ist dagegen die Verallgemeinerung des langen Vocals ganz durchgängig. Das für die äussere Sprachform der Ma. so wichtige Gesetz scheint demnach nicht eigentlich mehr lebendig zu sein, und jene gekürzten Formen halten sich nur noch durch die Tradition.

§ 48. Ein weiterer Fall von Verkürzung ist an die alten *ī*, *ū*, *iu*, die Vocale mit stärkster Engenbildung, gebunden. Dieselbigen werden gekürzt vor *p. t, k, ff, ss, šš*, d. h. vor allen stimmlosen Fortes mit Ausnahme von *χ*.

Vgl. Kräuter, Alem. V 186.

Beispiele: *tχitsę* '13' mhd. *drizëhen*, *gitig* 'gierig' mhd. *gitec*, *ļit* 'liegt' mhd. *lit; riffə* 'pruina' mhd. *rife*, *pfiffə* 'Pfeife' mhd. *pfife ; špχissə* 'kl. Splitter im Fleisch' mhd. *sprize*, *tχissig* '30' mhd. *drizic*, *wiẓ* 'weiss' mhd. *wiz; tsịštig* 'Dienstag' mhd. *zistac*, *ļịšš* 'liegst' mhd. *list.* — *gnųpə* 'Knollen' (siehe Winteler S. 59), *tšųp* 'Haarschopf' (Winteler S. 48); *lųtər* 'lauter' mhd. *lûter*, *hųt* 'Haut' mhd. *hût; hųffə* 'Haufe' mhd. *hûfe*, *sųffə* 'saufen' mhd. *sûfen; fųšt* 'Faust' mhd. *vûst*, *luštərə* 'lauschen' mhd. *lûstern.* — *ļịtə* 'läuten' mhd. *liuten*, *rịļịhaχt* n. l. eines Hofes an der Birs, zu mhd. *riute* 'Reutland'.

Dagegen vor *χ: glīχlig* adj. und adv. 'gleich'. Weiterbildung zu *gelich; kᵃχə* 'hauchen' mhd. *kîchen; dīχl* 'Wasserleitungsröhre' mhd. *tiuchel*, u. v. a. Allerdings finden sich mit Kürze *jųχəχt* 'Juchart' mhd. *jûchart; jųχtskə* 'jauchzen' zu mhd. *jûchezen*, deren Sonderstellung mir unklar ist.

Anmerkung. Auffällig ist das Nebeneinander von *šufflə* und *šufflə* 'Schaufel', welches sich durch alle ihre Ableitungen hinzieht: *šufflə* v. itr. 'schaufeln' *šiffəli* 'Schäufelchen, spez. beim Braten der Vorderschenkel', *apšiffələ* 'abschäufeln = sich sänftiglich Jemand vom Leibe schaffen'; Kluge, et. Wb. s. v. Schaufel setzt germ. *f* an, Lexer *schůvel* und *schůfel*: nur die letztere Form, mit Fortis *f*, erklärt unsre Vocalkürze. Die daneben vorkommende Länge könnte der Lenisform entnommen sein (während die Lenis *f* selbst von jener Fortis verdrängt wurde): der Wechsel *f-v* wäre aus westgerm. *l*-Gemination zu erklären.

Mit jenen Kürzungen von *ū* zusammen gehört ein spezieller Fall, wo ursprüngliches *uo* zu Grunde liegt. Für das alem. Gebiet gilt, ich weiss nicht ob durchgängig, die Regel, dass *uo* in der Verbindung *uots* zu einfachem *ū* gewandelt wurde. In Bst. muss nach dem Obigen dann noch Verkürzung des *ụ* vor *ts* eintreten. — So gehört zu den nom. pr. mit ahd. *Uodal-* die Koseform *Uz* (bst. *ụts*), direkt zu *Uoto*, nicht erst aus *Ulz* (Id. I Sp. 184); bes. in Ortsnamen erhalten: *Uzwil, Uznach* (alte Belege, schon consequent mit einfachem *u*, siehe bei Wartmann, Urkundenbuch der Abtei St. Gallen). Ebenso zu Namen mit *Ruod-* die Koseform *Ruz*, in Bst. *ṛụts* als Familienname. Zu *guot* gehört die Ableitung bst. *gụtsị* 'Bonbon' (L *güetsi*).

§ 49. Paul hat Beitr. 9, 122 für die nhd. Schriftsprache, die hierin auf mitteldeutscher Grundlage ruht, das Gesetz aufgestellt, dass alte einfache Vocallänge vor Doppelconsonanz, so weit diese nicht zur folgenden Silbe kann gezogen werden, Kürzung erleidet. Für unsere Ma. ist die Regel in dieser Allgemeinheit jedenfalls nicht zu geben. Denn wir haben, vielfach im Gegensatz zum Nhd., die Länge erhalten z. B. in: *liəχt* 'Licht' mhd. *liecht*, **fịəχtə* 'Fichte' mhd. *viehte* (den Baum nennen wir *fǭrə* 'Föhre' resp. *wistannə* 'Weisstanne') in *fịəχtər* Familienname Fichter, und in *glộštəχfịəχtə* n. l. eines Hofes 1 St. südl. von der Stadt; *nịeχtər* 'nüchtern' mhd. *nüchtern*; *dǭχtə* 'Docht' mhd. *tâht*, *šmǭχtə* 'schmachten', dazu *kĭmụəχt* (s. u. § 70); *sẹ̄χtə* 'seihen' mhd. **sêhten*, *flẹ̄χtə* 'flüchten' mhd. **vlœhten*; *glǭftər* 'Klafter' mhd. *klâfter*; *bǭpšt* 'Pabst' mhd. *bâbest*; *mụətər* 'Mutter' mhd. *muoter*, *fụətər* 'Futter' mhd. *fuoter*, *blǭtərə* 'Blatter, Blase' mhd. *blâtere*, *kχę̄tsə* 'Rückenkorb', *kχę̄tslə* 'auf dem Rücken aufgehockt tragen': auch St. II 131 giebt Länge an, so dass die Kürze im Nhd. sekundär zu sein scheint, und die Ansetzung von mhd. *kretze* zu berichtigen ist. *wǭpə* 'Wappen' mhd. *wâpen; jǭmərə* 'jammern' mhd. *jâmern;* pfχɥ̇ənd 'Pfründe' mhd. *phruonde*, *gę̄nd* 'wir, ihr, sie gehn' mhd. *gênt; dɥ̇ənd* 'wir etc. thun' mhd. *tuont; gɥ̇nə* 'ginge' mhd. *gienge*, *dɥ̇ənə* 'thue' Conj. mhd. **tüenge*, u. a. m.

Bei vielen der genannten spielt mit, dass sie im Gegensatz zur Schriftsprache den Diphthong bewahrt haben, aber lange nicht bei allen: die Tendenz nach Entlastung der 'überlangen' Silben, welche Paul der Schriftsprache (resp. dem Md.) zuerkennt, müssen wir unserm Obd. absprechen (s. auch u. § 53).

§ 50. Andrerseits haben wir eine Reihe von Kürzungen (sie sind grossenteils über die Schweizermundarten verbreitet, vgl. Winteler KM 130, 145), die zum Teil auch alten Diphthong antasten: sie mögen zu verschiednen Zeiten und unter ungleichen Bedingungen entstanden sein. Ich stelle sie hier zusammen: *pχǫχt* 'gebracht' mhd. *brâht*, *hǫχtsit* 'Hochzeit' mhd. *hôchzît*, *fɥ̇lɥ̇χt* 'vielleicht' mhd. *villîhte; lǫssə* 'lassen' mhd. *lâzen* (schon bei Spreng neben *lǭ* mhd. *lân* vollständig durchflektiert, wie noch heute); *hɥ̇t* 'heute' mhd. *hiute* (das *i* beweist eine ältere Kürzung als die nach § 48, welch letztere *i* ergeben hätte); *ęmmɥ̇* 'einmal = wenigstens' mhd. *ein mâl*, *ęnnəwę̄g* 'dessungeachtet' mhd. *einen wec; hellgə* 'Bild' eigentl. Heiligenbild, zu mhd. *heilic*, *ellf* '11' mhd. *einlif; fɥ̇nnd* 'Feind' mhd. *vient*, *fχɥ̇nnd* 'Freund' mhd. *vriunt; wɥ̇l(l)* 'weil' mhd. *die wîle*.

Den letztgenannten Fall werden wir zweifellos aus der proklitischen Schwachtonigkeit erklären. So haben wir auch *sɥ̇lltess* Familienname aus mhd. *schultheize*. Vielleicht müssen wir uns denken, dass die sämtlichen alten Vocallängen bei schwachem Satzton eine Kürzung erleiden, die gewöhnlich nicht zum Bewusstsein kommt, weil sie sofort vor dem Erinnerungsbilde der volltonigen Form erlischt; in einigen Fällen aber mochte sie das Übergewicht erlangen und, vielleicht nach längerm Schwanken, die alleingebrauchte Form abgebon. Dies läge vor in den obigen Beispielen. Wir müssen dabei nicht éine bestimmte Periode der Schwächungen annehmen. Schon unter den gen. Wörtern verraten *hellgɔ* und *ellf* mit dem geschlossenen *e*, dass sie zu einer andern und zwar ältern Zeit die Monophthongierung erfuhren als *ɛmml* und *ɛnnɔwɛɡ* mit offnem *ɛ*: bei jenen war der Diphthong noch mehr *ei*, bei diesen mehr *ai*, als welcher er heute erscheint.

§ 51. Werfen wir einen vergleichenden Blick auf die Resultate, zu welchen Paul a. a. O. für das Md. gekommen ist, so sehen wir, dass auf beiden Seiten die Vocaldehnung an die gleiche Bedingung geknüpft ist: an die ungedeckte Silbe. Die Vorgänge von § 43 sind denen bei Paul S. 114 f. parallel. Doch zeigt sich hier gleich der Unterschied in den Silben mit nicht sonorem Auslaut: ein *troddel, widder, fiddel, bodden* etc. wäre bei uns unmöglich, da diese Consonantenverbindungen *dl, dr* etc. nicht Silbe schliessen. Der Hauptgegensatz aber liegt darin, dass das Alem. die alten Fortes als silbenschliessende und darum dehnungverhindernde Laute strikte aufrecht erhält, was das Md. und in noch grösserem Umfange das Nd. nicht thut (Beispiele bei Paul, S. 120 f.). Gegen die Schriftsprache tritt dies speziell bei den *t* hervor, die wir als Geminaten behandeln s. § 39; nhd. *vater, pate, spaten, waten, beten, kneten, treten, gäten, bote, schote, zote, kröte* haben sich im Alem., soweit sie vorkommen, lauter Kürzen gegenüber. Es ist bekannt, wie in den aleman. Drucken lange Zeit hindurch diese Wörter mit *tt* erscheinen; und auch heute wird bei naivem Schriftdeutschsprechen die mundartliche Kürze des Vocals hier gerne beibehalten.

§ 52. Anhangsweise erwähne ich eine Reihe von Wörtern, welche auffallende Quantität zeigen.

Kịnị 'Kinn'; mhd. haben wir *kinne* und *kin*: angenommen, dass auch die letztere Form der Ma. einst geläufig war, so könnte sich hier nach § 18 die Vocallänge und Lenis entwickelt und dann auf die zweisilbige Form ausgedehnt haben. Allein die andern Schweizerdialekte mit ihrer Kürze und Lenis (K. *xụnị*, L. *chịnị*) widersprechen dem und führen zu

der Annahme einer uralten Nebenform zu ahd. *chinni* und
got. *kinnus* ohne die *n*-Gemination.

hīnəχt 'vorige Nacht' fordert altes *hinacht* mit *ĭ*: einem
ĭ würde *ī* entsprechen. Alte Doppelformen mit kurz und
lang *i* wären als Vertreter der unbetonten und nebentonigen
Tiefstufe wohl leicht zu rechtfertigen. Auch für *swĭbōgə*
'Schwibbogen', Bezeichnung mehrerer jetzt verschwundener
innerer Stadtthore, kann man wohl anstandslos ein altes *ĭ* evt.
neben *ī* ansetzen. *gĭšš, gĭt* 'giebst. giebt' setzen ebenfalls
alte Kürze voraus, mhd. *gist, git*, im Gegensatz zu *lĭšš, lĭt*
'liegst, liegt' mhd. *list, lit*. In dem emphatischen *īχ* 'ich'
mhd. *ich* ist die Länge von der erst im Schwachton entwickelten, dann aber gleichfalls emphatisch gebrauchten Form
ī entlehnt. Aber auffällig ist *ī* statt *ĭ*. Das Letztere gilt
auch von *fīl* 'viel' mhd. *vil* und von *kšpīrə* 'spüren' mhd. *ge-
spürn*. Diese Wörter scheinen, als die einzigen Spuren eines
sprachlichen Vorgangs, auf eine weiter zurückliegende Dehnung hinzudeuten, welche eintrat, bevor das Verhältnis von
Quantität und Qualität sich so regelte, dass die langen Voc.
geschlossen, die kurzen offen waren und blieben. An welche
Bedingungen jene ältere Dehnung geknüpft war, bleibt unklar (vgl. aber o. § 17).

Neben *ŭs* 'aus', *ŭsə* 'hinaus' steht *ysrə, dyssə* 'aussen,
draussen' mit *y* statt des zu erwartenden *ŭ*; an Stelle des
mhd. *ûf* 'auf' haben wird durchgängig *yff*: die Form giebt sich
in den Denkm. durch die Doppelschreibung des *f* als vocalische Kürze zu erkennen (vgl. o. § 39), z. B. 1339 *uffen*
(bst. *yffə* 'hinauf') wie *offenliche, phaffen* gegen *lôfen, liefen,
slafet*. Nach Id. 1 Sp. 551 kommt dazu noch für manche
Mundarten eine Kürzung der Praep. *ûz > ys ŭs* wie auch
ûf > yf ŭf: auch hier kann nur das geschlossene *ŭ* sich aus
der Proclise erklären; für das offene *y* hier und in den voll-
betonten Adv. von Bst. ist zum Mindesten eine sehr alte
Verkürzung anzunehmen, wenn nicht auch hier wieder
doppelte Tiefstufe vorliegt (vgl. Osthoff MU. IV S. 260, 266).
— *rętig* 'Rettig' hat Länge wie sein Grundwort *radix*; vielleicht ist auch fürs Mhd. noch allgemein Länge anzusetzen.
ha 1. sing. Praes. und Inf., *kā* part. praet. zu 'haben' fordern

altes *han*, *gehan* mit Kürze (siehe die durch den Reim be-
zeugten bei Lex. und bei Weinhold, al. Gr. S. 382).

§ 53. Noch ein Wort über Länge und Kürze in der
lebenden Ma. — Die Silben mit langem Vocal muss man
vom Standpunkt der nhd. Bühnensprache aus als Überlängen
bezeichnen (Sievers, Phon. S. 187). So wird auch der Voc.
in *rọ̄tǝ* ('raten'), *Kǟmǝ* ('kämen') ganz gleichlang gesprochen
wie in einsilbigem *rọ̄t*, *Kǟm*. Gleiches Mass besitzen aber
auch die Silben mit kurzem Voc. + Sonorcons. Zwischen
ɛalǝ ('wälzen'), *rụ̈mǝ* ('räumen'), *kχīnǝ* ('weinen') und *halltǝ*
('anhalten'), *gṵmmpǝ* ('hüpfen'), *ɛinndǝ* ('winden') ist nicht der
mindeste Unterschied in der Länge der Stammsilbe zu bemerken. Die letztgenannten drei sind aber ihrerseits wieder
quantitativ durchaus gleichwertig einem *fallǝ* ('fallen'), *ṵmmǝ*
('herum'), *dịnnǝ* ('drinnen'). Auf all diesen Silben steigt der
tonische [1] Accent merklich an; bei kurzem Vocal fällt der
erreichte Höhengrad in den folgenden Sonorcons.

Die letztere Erscheinung ist nicht möglich, wo stimmloser Cons. auf den kurzen Voc. folgt. Es ist auch nicht
zu verkennen, dass in Wörtern wie *bẹtǝ* ('beten'), *họkǝ*
('hocken'), *offǝ* ('offen'), *lǫssǝ* ('lassen'), *Kṵχi* ('Küche') die
Stammsilbe, wofern kein besonderer Nachdruck sie trifft, geringere Quantität besitzt als die der langvocaligen *dẹtǝ*
('thäten'), *họ̄kǝ* ('Haken'), *šlọ̄ffǝ* ('schlafen'), *štọ̄ssǝ* ('stossen'),
Kṵ̄χǝ ('hauchen'). Jenen ersetzt die etwas längere Articulation
des Cons. nicht so viel, als das Minus des Sonanten beträgt.
Wir haben somit innerhalb der betonten Silben der Ma. zwei
verschiedene Längengrade zu erkennen. Doch stehen sie
nicht in festem Gegensatz zu einander: nicht immer wird die
Stammsilbe von *bẹtǝ* u. s. w. kürzer gesprochen als die von
dẹtǝ. Denn auch jene erstgenannten Silben sind durchaus
keine Kürzen, wie sie die meisten Schweizerdialekte vor
Lenis besitzen, wie sie auch im Südfränkischen markant ge-

---

[1] Ich bin nicht sicher, ob damit ein zweiter Gipfel des exspiratorischen Accentes verbunden ist. Jedenfalls ist derselbe sehr schwach.
Für das tonische Intervall zwischen Einsatz und Absatz des Stimmtons
kann ich keine durchgehende Regel finden. Sehr häufig ist bei affekt-
loser Betonung des Aussagesatzes die (steigende) kleine Terz.

hört werden, und wie sie Kräuter Alem. V für das 'Elsässische' schlechthin statuiert (aber mit unrichtiger Ausdehnung
dieser Behauptung auf die nhd. Bühnensprache, s. Paul, Beitr.
9, 101; Sievers, Phon. S. 220). Wirklich kurze Silben sind
keiner Dehnung fähig — dies und nichts anderes ist es, was
sie absolut charakterisiert: giebt man dies preis, so kann es
sich nur noch um ein relatives Länger oder Kürzer handeln.
Jene bezeichneten Silben von Bst. dagegen sind dehnbar
(s. auch o. § 35): von dieser Möglichkeit wird beim alltäg-
lichen Sprechen zu den mannigfachsten Nachdruckszwecken
ausgiebiger Gebrauch gemacht. In einem mundartl. Verse
ferner wie

Jǫkǝlị̈ | Kàšš ᶦu | rịt|tǝ

('Jakobchen, kannst du auch reiten?')
füllt das kurze *i* + die gedehnte Pause des *t*-Verschlusses
(ich schrieb der Trennung halber *tt* für *t*, was aber nicht
auf stärker geminierte Artikulation deuten soll!) den ganzen
dritten Verstakt aus, ohne dass dadurch etwa die Silbe
künstlich entstellt wäre. Eine solche metrische Behandlung
wäre einem schweiz. *rèdǝ, glèsli, hìmǝl* etc. gegenüber natur-
widrig. [1]

(Die paar Fälle von wirklicher, undehnbarer Kürze in
Bst. s. o. § 40 Ende.)

§ 54. Ich fasse die wesentlichsten Punkte des Kap. zusammen:

1. Alte silbenauslautende Vocalkürze ist gedehnt worden. Vor jeder Fortis, auch altem einfachem *t*, ist die
Dehnung unterblieben.

2. Vor secundär geschärftem Verschlusslaut ist Vocalkürze bewahrt resp. hergestellt worden.

3. Alte einfache oder diphthongische Länge erscheint
in einigen Fällen gekürzt, wahrscheinlich unter dem Einfluss
schwächern Satzaccentes.

---

[1] Winteler schreibt mir darüber: 'die Ausfüllung eines Taktes
durch eine kurze Silbe, ohne Hinzutritt einer Pause (wie am Ver-
schlusse) halte ich auf dem Boden der Mundart für unmöglich, obwohl
ja in dieser Hinsicht die Ma., weil nur nach nhd. Vorbildern gepflegt,
in grosser Verwilderung begriffen ist'.

4. Vor *r*-Verbindungen ist stets Dehnung eingetreten und erhalten.

5. Vor den Fortes ausser χ ist altes ī, ū, *iu* gekürzt worden; *uo* wird vor *ts* zu *u*.

6. Jede starktonige Silbe ist lang und dehnbar. Entweder ist der Sonant oder der darauf folgende Consonant Träger der Silbenlänge.

KAPITEL III

DIE EINZELNEN CONSONANTEN.

A. Die Linguopalatalen des hintern und mittlern Gebiets und $h : k$ k g, χ h r, w w, j.

Lautverschiebungsstufe der Gutturalen.

§ 55. Es kommt in Betracht die Vertretung von germanischem k in den verschiedenen Lautumgebungen. In der lebenden Mundart Bst. entspricht diesem k

a) Im Anlaut vor Vocal die Aspirata k. Der Hauch derselben ist rein, ohne jedes velare Reibegeräusch. Die Verschlussartikulation davor hat nicht die Energie einer Fortis (vgl. Sievers Phon. S. 232); k, nicht g, schreibe ich nach § 27; — im Anlaut vor r l n w entspricht die stimmlose Lenis g ($k\chi$ für gr nach § 27).

b) Im Inlaut erscheint für germ. k nach Vocalen die velare Reibelautfortis χ; nach r, l und w die hauchlose Verschlussfortis k. — Westgermanischem kk und gg entspricht gleichmässig die hauchlose Fortis k. (Beispiele s. u.)

In dem Hauptpunkte, in der Verteilung von Reibelaut und Verschlusslaut, stimmt somit die Mundart Bst. zur nhd. Schriftsprache.

Bst. liegt ausserhalb des hochalemanischen Gebietes welches im Anlaut und im Inlaut nach l und r den Reibelaut χ besitzt. Die Grenze fällt von Nordosten über Süden zu Südwesten mit der Weichbildgrenze der Stadt zusammen:

4*

die nächsten Dörfer Riehen. Bettingen (Kanton Bst.), Grenzach
(Baden), Birsfelden, Muttenz, Mönchenstein, Binningen, All-
schwyl (Kanton Bld.) haben schon die Verschiebung. Nach
Norden und Nordwesten andrerseits schliessen sich die Ort-
schaften Klein-Hüningen (Kanton Bst.), Hüningen, St. Ludwig
(Elsass) mit niederalemanischer Verschiebungsstufe, wie sie
Bst. zeigt, der Stadt an.

Dagegen spricht Neudorf (Elsass, 2 km. nw. Hüningen)
wieder das hochalemanische χ (auch $k\chi$ aus anl. k-h, z. B.
$k\chi a$ mhd. *gehan*). Auch Blotzheim (5 km. w. Neudorf) hat
anlautend χ. Ebenso das rechtsrheinische Kirchen in Baden
und mit ihm vermutlich das ganze umliegende altmarkgräf-
liche Gebiet. Weiter niedwärts sprechen Schliengen und
Müllheim χ; dagegen Neuenburg am Rhein, 4 km. westlich
von Müllheim, zeigt wieder reines k. Weiteres steht mir
vorläufig nicht zu Gebote. Nach dem Gegebenen ist es
das Wahrscheinliche, dass das k-Gebiet, welches wir durch
Bst. und die drei Orte nördlich davon vertreten sehen, nicht
in topographischem Zusammenhange mit dem grossen nieder-
alemanischen Gebiet des badisch-elsässischen Rheintales steht,
sondern dass ein Gürtel hochalemanischer Gegend sich dazwischen legt. In wieweit diese Grenzen das Ergebnis älterer
oder jüngerer Ansiedelungen und Verkehrsgemeinschaften
sind, bleibt unserm Blick entzogen. Doch kann gewiss darüber
kein Zweifel sein, dass Bst. mit den genannten Ortschaften das
k nicht dem Einfluss der nhd. Schriftsprache verdankt: was
für die Stadt selbst eine nicht zu begründende Annahme wäre,
das verliert jenen Dörfern und Städtchen gegenüber, die nicht
in engerm Connex mit der Stadt stehn als Binningen und
Birsfelden, jeden Schatten von Wahrscheinlichkeit. Gewiss
tritt uns hier, wie im Lautlichen durchweg, ächte dialektische
Entwicklung entgegen. Wenn Bst. innerhalb des Kreises
der schweizerischen Mundarten eine Sonderstellung einnimmt,
so rührt es daher, dass die politischen Grenzen mit den
sprachlichen Grenzen sich nicht decken.

§ 56. Die auf Wahlenberg sich stützende Angabe Nörrenbergs (Beitr. 9, 383), dass nordwärts bis Breisach hin *nk lk
rk, kk* und anlautend k verschoben seien, bedarf somit wesent-

licher Modifikation. Irreführend ist hiebei auch dies, dass *nk* mit *lk rk* zusammengestellt wird statt mit *kk* (denn in all den genannten Lokalmundarten des Rheintals mit hochalemanischem χ ist *nk* gleichwie *kk* durchweg unverschoben), und vornehmlich, dass anlautend '*kχ* oder χ' als mehr oder minder gleichwertig in Gegensatz zu *k̄* gestellt werden. Und doch müsste bei einer Einteilung des alemanischen Gebietes nach den Schattierungen der *k*-Verschiebung dieser Unterschied in erster Linie in Betracht kommen: auf die eine Seite träten die Mundarten, welche anlautend *k* durch die **Reibelautlenis** χ vertreten, auf die andere Seite alle andern. Diese letztere zeigen z. T. **Aspirata** (z. B. Bst.), z. T. **Affricata** (z. B. das elsässische Münstertal, Mankel S. 9, 36), und vermittelnde Übergangsstufen von jener zu dieser werden nicht fehlen. Ich glaube mit Kräuter (zur Lautverschiebung S. 83), dass diese letzteren Differenzen nicht von prinzipieller Bedeutung sind und kein wesentliches Moment zur Einordnung der Mundarten abgeben können.

Bezeichnend für den Gegensatz dieser beiden Hauptgruppen ist, dass die χ-Dialekte das anlautende *k* der deutschen Schriftsprache von ihrem heimischen anlautenden Guttural durchaus unterscheiden, indem sie jenes als *kχ*, diesen als χ sprechen; bei den *k̄*—*kχ*-Dialekten dagegen dient für das *k* der Erbwörter wie der Schriftsprachwörter ein und derselbe Laut. Ferner halten die χ-Mundarten ihr anlautendes χ von dem aus *k + h* (z. B. in *k-hā* mhd. *gehan*, *k-höre* mhd. *gehoeren*) resultierenden Laute, der teils als *k̄* teils als *kχ* erscheint (s. u.), streng auseinander, während die *k̄*—*kχ*-Gruppe für beide Laute nur eine Entsprechung, *k̄* oder *kχ* (Mankel S. 36), aufweist. Noch wichtiger ist ein dritter Umstand, dass nämlich die χ-Dialekte vor Vocal wie vor Consonant das nämliche anlautende χ sprechen, indessen die *k̄*—*kχ*-Dialekte zwei Laute dafür einsetzen: vor Vocal den aspirierten resp. affricierten, vor Consonant den ungehauchten (vgl. o. § 8, § 55 und Mankel S. 35). Doch bin ich nach Bachmann § 4a. im Zweifel, ob nicht auch vereinzelte χ-Mundarten diese Zweispaltung des Anlauts kennen.

Die erste Gruppe, die Mundarten mit anl. χ, hat stets

auch, soviel bisher ersichtlich, den Reibelaut χ in den Verbindungen westgerm. *lk, rk*. Ob sich andrerseits den Maa. mit anl. *k—kχ* durchweg unverschobenes *lk, rk* zusprechen lässt, kann ich nicht entscheiden: aus Bachmann, der S. 33 für einige Dialekte im santgallischen Rheinthal und Bündten anlaut. *kχ* bezeugt, geht Nichts hierüber hervor.

In der Behandlung des *k* nach *n* gehen die Mundarten der ersten Gruppe auseinander: ein kleinerer Teil verschiebt zum Reibelaut χ, ganz wie nach *l* und *r*, lässt aber zugleich immer, wie es scheint, Vocalisierung des *n* eintreten (Bachmann S. 41, Staub F. DM. 7, 31 f.). Diese würden eine Gruppe für sich bilden (I **a**). Der überwiegende Teil aber behandelt *k* nach *n* wie *kk*: entweder (Gruppe I **b**) bleibt es unverschoben (oder rückverschoben?) und fällt mit westgerm. *gg* zusammen; oder es tritt als Affricata *kχ* auf (Gruppe I **c**; zu dieser Gruppe gehört u. a. Bld. mit Ausschluss des Bezirkes Birseck, welch letzterer sich zu 1**b** stellt).[1] Nur in dieser letzteren Gruppe, die auch z. B. durch Notkers Schriften vertreten wird, ist die Entwicklung des inlautenden Gutturals der des Labials analog. Analog dem inlautenden Dental hat sich der Guttural auf alemanischem Boden nirgends entwickelt.

Germ. *kk*, postvocal, ist wohl von keiner alem. Mundart wie das einfache *k* behandelt worden. Nur wird hier die mannigfache Durchkreuzung geminierter und ungeminierter Formen leicht irreleitend (vgl. Bachmann S. 40 f. und Kauffmann, Beitr. 12, 533). Dagegen nach *n* ist wohl überall *k* mit *kk* zusammengefallen: entweder in χ oder in *k* oder in *kχ*.

Die verschiedene Vertretung von anl. *k + h* (z. B. in *k - ha* mhd. *gehan*): als *k* oder aber als *kχ* deckt sich nach Bachmann (S. 36 und 52) keineswegs mit dem Gegensatz von inl. *k* und *kχ*. Auch hier werden wir jener Anlauts-

---

[1] Noch nicht genügend erklärt ist der Umstand, dass in einigen Dialekten, die sich im Allgemeinen zu der Gruppe I **c** ordnen, doch vereinzeltes *k(gg)* für das zu erwartende *kχ* vorkommt, vgl. z. B. *J.* (Hunziker S. CXII) *bagge, zegg* u. a. gegen *bikel, trikke (k=kχ)* u. s. f. Dürfen wir darin ein Hinüberschwanken zu dem abweichenden Sprachgebrauch benachbarter Maa. erblicken? S. auch Bachmann S. 53.

verschiedenheit umsoweniger einen gegensätzlichen Wert beimessen wollen, als nach id. S. 36 auch Übergangsstufen vorkommen, und nach Brandstetter S. 236 sogar ein und dasselbe Wort zwischen k und $k\chi$ schwankt. Nicht undenkbar ist dagegen, dass inl. $k\chi$ jenen Mundarten eigen ist, welche im Allgemeinen die volleren, stärkeren Geminaten besitzen, während k den Dialekten mit den schwächeren Geminaten zukäme (vgl. o. § 36; für S trifft diess zu, ebenso für T, dessen (nicht liquide) Fortes nach einer Mitteilung Wintelers stärkere Geminatenartikulation haben als die von K); sollte sich dies bestätigen, so bekäme dieses von Winteler S. 60 schon empfohlene Einteilungsmoment eine ganz besondere Bedeutung. Romanischer oder schriftdeutscher Einfluss, der gerade nur in diesen inlautenden Stellen dem velaren Reibegeräusch entgegengewirkt hätte, kommt mir wenig wahrscheinlich vor; dazu stimmt auch nicht ganz die geographische Verbreitung des inlautenden k (Bachmann S. 52 f.).

§ 57. Kehren wir zu Bst. zurück. Die Frage, welche Verschiebungsstufe wir für die ahd. Periode anzusetzen haben, dürfen wir hier nicht unberührt lassen, obwohl ich gleich jetzt gestehe, dass ich zu einer befriedigenden Lösung nicht zu gelangen vermag. Zwei Möglichkeiten liegen vor: entweder galt einst für das ganze aleman. Gebiet die Verschiebungsstufe der χ-Dialekte, etwa der Gruppe I° (s. o.), und erst während der mhd. Zeit entwickelten sich daraus die abweichenden Verhältnisse der k-Gruppe; oder aber der tiefgreifende Unterschied zwischen den χ- und k-Dialekten geht schon in ahd. Zeit zurück.[1]

Die ältesten alem. Denkmäler gewähren hierüber keine Auskunft. Sie gehören schon ihren Entstehungsorten nach so gut wie ausnahmslos dem hochalemanischen Gebiete an; überdiess stellen sich der Deutung ihrer Sprachformen bei Vergleichung mit den lebenden hochalem. Mundarten ungelöste Schwierigkeiten entgegen — ganz besonders hinsichtlich der

---

[1] Zur Annahme einer dritten Möglichkeit, dass nämlich das Abweichende der χ-Gruppe aus den Verhältnissen der k-Gruppe erst in jüngerer Zeit entwickelt sei, kann ich, besonders im Hinblick auf die Notker'sche Schreibweise, mich nicht verstehen.

Lautverschiebungsstufe. — Nicht ganz bedeutungslos ist das
Verhalten der deutschen Namen, welche die elsässischen Urkunden von Murbach und Münster enthalten (vgl. Socin,
Strassb. Studien I, 268 f.). Sie zeigen im Anlaut nie, nach
Cons. nur bisweilen die Verschiebung zu ch und sondern
sich dadurch von den gleichzeitigen Denkmälern aus St. Gallen
und Reichenau ab. Allein das Material ist zu wenig umfäng-
lich, auch nicht in originaler Aufzeichnung erhalten (a. a.
O. S. 105); auch ist orthographischer Einfluss von Weissen-
burg her nicht ausgeschlossen. So bleibt es ungewiss, ob
wir in diesen Formen ein Zeugniss für niederalemanische
k-Verschiebungsstufe im oberen Elsass erblicken dürfen.

Anmerkung. Die Abweichungen von der sonstigen aleman.
Schreibung, welche Kögel Beitr. 9, 301 ff. in den Murbacher Denkm.
aufdeckt, sind rein orthographischer Natur und können nicht etwa in
Bezug zu niederalemanischer Ma. gebracht werden.

§ 58.[1] Dass in den Urkunden des alem. Gebietes vielfach k und ch regellos nebeneinander hergehen, hat schon
Weinhold al. Gr. S. 186 konstatiert. Auch in den von Basel
ausgehenden Urk. und R. q. lässt sich bis gegen Ende 13.
s. keine konsequente Anwendung von ch oder k nachweisen.
Es kann sich hier sicher nur um orthographische Gewohnheiten und Schwankungen handeln. So findet sich öfters
(1289, 93, 95, 97) k im Anlaut durchgeführt, während nur
Chûno, Chûnrat regelmässig ihr ch haben. Im Inl. erscheint
ch nicht selten für k nach *n* und für *kk*: 1275 *gedenchin*,
henchin, der Deche; mitunter auch *cch*: 1282 *acchiron, Decche*.
Wenn zuweilen die Laute, welche von heutigen Maa. als *k*
und *kχ* auseinandergehalten werden, als *gg* und *ch* unterschieden sind, z. B. 1287 *roggin* gegen *henchit*, 1289 *Rin-
brugge* gegen *brotbeche, Teche* (dabei aber *henken, Winkeler*),
so kann dies nicht Zufall sein: allein der Schreiber mochte
aus der Landschaft, dem χ-Gebiet, stammen, und wenn er
in der letzteren Urk. nach *n* und im Anlaut konstant (8 mal)
k schreibt, so hatte er sich wohl in diesem Punkte der
anderen orthographischen Mode schon gefügt. Falsch steht
ch in *Echihardum* (1202) — sonst *Uesunecga* (1193), *Eggen-*

---

[1] Oben S. 7 ist auf § 58 verwiesen, wofür § 59 Ende einzusetzen ist.

heim (1300); umgekehrt *bogge* (1275), *dictus Buggo* (1285)
— gegen *dicto Bocho* (1285). *ch* steht ferner in den älteren
Urk. häufig im Auslaut, einem inlautenden *g* korrespondierend:
in den Ortsnamen auf -*berch*, -*burch*; *Helbelinch*, *phenninch*;
drisich, *sibinzzich*, *ahzich*, *einmuetechliche*, *gizoch* (*testis*), *Hoch*
(*Hugo*), *tach* (*dies*); daneben immer auch die Formen mit
-*c* und mit -*g* (vgl. Weinhold al. Gr. § 224).

Diese wechselnde Schreibung macht seit dem Ausgang
des 13. s. einer einheitlicheren Platz: *k*, welches ausnahms-
weise schon in früheren Urk. (1274, 77) konsequent gesetzt
wird, bekommt die Oberhand; *ch* in den genannten Stellungen
ist im 14. s. so gut wie völlig geschwunden. — Dass hinter
dieser orthographischen Regelung ein damals sich vollziehen-
der lautlicher Wandel stehe, ist nicht glaublich und wird
vollends unwahrscheinlich durch den Umstand, dass die Denkmäler des hochalemanischen Gebietes von derselben Zeit ab
ihr eigentümliches *ch* nicht mehr zum Ausdruck bringen, in
diesem Punkte also schon sehr früh sich einer Art von ge-
meindeutscher Schreiberschulung anbequemt haben (vgl. dazu
Kluge, Von Luther bis Lessing, S. 62).

§ 59. Bei der Annahme, dass das niederaleman. *k*
sekundär aus älterem χ hervorgegangen sei, beruft man sich
auf die Wandelung von silbenanlautendem χ zu *k*, welche
in einigen Fällen sicher nachweisbar ist (vgl. Paul, Beitr. 6,
556 ff.). Auch für Bst. läst sich dieses Gesetz mit etlichen
Fällen belegen; doch kommt überall, wo der hauchlose Verschlusslaut sicher auf χ zurückgeht, noch eine weitere einschränkende Bedingung, die Schwachtonigkeit des nächst-
vorangehenden Vocals, in Betracht.[1]

---

[1] Nur in éinem Worte, welches nicht als völlig sicheres Beispiel
gelten kann, treffen wir das *k* < χ nach Starktonsilbe: *apa* (Hauptton
auf 2. Silbe) Interj. *geh, ach was!* Die Herleitung aus *ach wa* ist mir
die wahrscheinlichste; auch die unverschmolzene, durch Rekomposition
bewahrte Form *achwa* ist der Ma. noch geläufig; bei einer Silbentrennung
a-chwa, wie sie die Accentuierung des Wortes mit sich bringt, entstand
akwa, weiter durch Assimilation *apwa* > *apa*. (Ob das -*wa*, welches
in dieser Verbindung den Accent nie verlieren konnte, got. *hra*, die
alte kürzere Nebenform zu ahd. *hwaz*, fortsetzt, müssen wir dahin-
gestellt sein lassen.)

Bei einer Wortbetonung ⏚◡◡ fällt das zwischen den Sonanten der zweiten und dritten Silbe stehende χ der nebentonigen letzten Silbe zu und unterliegt so jenem Silbenanlautswandel. Hieher gehört das adj. und adv. Suffix mhd. *-lich*: es erscheint in Bst. als *-lig* und *-li̯*; in adverbialer und endungslos prädikativer Verwendung wechseln die beiden Formen willkürlich; in attributiver Stellung und beim Antritt von Endungen herrscht die Form mit *g*: gewiss ist letztere nur bei folgendem Vocal lautlich berechtigt, und Abfall des *-ch* musste vor folgendem Cons. oder im absoluten Auslaut eintreten; dass *g*, nicht *k*, erscheint, erklärt sich aus der schwachtonigen Stellung (s. o. § 15). Z. B.: *fȩχtərli̯(g)* zu mhd. *vorhtenlich*, *hi̯pšəli̯(g)* 'leise, geräuschlos' mhd. *hübschliche*, *fχīli̯(g)* 'freilich' mhd. *vrîliche*, *wīχkli̯(g)* 'wirklich' mhd. *würkelich*. Man darf nicht etwa an particlle Angleichung des Suffixes *-lich* an *-ig* denken, denn die beiden werden von der Ma. scharf auseinandergehalten. Wörter mit *-ig* wie *tsī̯tig* 'reif' mhd. *zîtec*, *rīdig* 'räudig' mhd. *riudec*, *tsäblig* 'zapplig' zu mhd. *zabeln* lassen niemals, wie jene, das *g* fallen. Die Substantiva, welche unter gleicher Bedingung *-ich* zu *-ig* gewandelt haben, zeigen das *g* konstant: *eštχig* 'Dachboden' mhd. *estrich*, *rẹ̄tig* 'Rettich' mhd. *rœtich*, *bī̯χsig* das Flüsschen Birsig, urk. *Birsich* (vgl. Weinhold al. Gr. § 273); vgl. u. § 79. — Den gleichen Übergang haben wir in *fi̯ktə* m. 'Flügel': die Pluralform mhd. *vëteche*, von welcher wir auszugehen haben, wurde zu *fetȩge*, *fetke* und hier der unbequemen Gruppe *tk* die geläufige *kt* substituiert. (Eine Parallele dazu in den Dorfnamen *Diegten* urk. 1302 *Dietkon*, Andr. Ryff *Dietkhen; Böckten* urk. 1246 *Bettinchon; Buckten* urk. 1323 *Butkon* (alle in Bld.).

Anmerkung 1. Auch Schweizerdialekte, für die jener Übergang von silbenanlautendem χ > *k* (*g*) im Allgemeinen sicher nicht gelten kann, weisen *-lig* für *-lich* auf (Bachmann S. 18). Hier ist es wohl ohne Frage speziell die schwachtonige Stellung, an welche der Wandel zum Vorschlusslaut gebunden ist.

Endlich ist auch ein Fall mit A s p i r a t a *k͑* aus silbenanlaut. χ nicht von der Hand zu weisen: *(ə)k͑ain* 'keiner'. In den älteren Urk. und R. q. sehen wir *dehein dekein* und *enhein enkein* (seltener schon *kein*) begrifflich noch geschieden,

indem jenes den positiven, dieses den negativen Begriff
wiedergiebt; z. B. urk. 1276 *die wile der vorgenanten deheiner
lebet, so git ir enheinir deheiin erschaʒ*; R. q. 1339 *tete aber
dirre dinge deheins ein tûmherre . . ., der verschuldet enkeinen
einung da mitte*; ib. *das disen einung enhein phaffe ver-
schulden mag an dekeinem gaste*. In den späteren Denkm.
übernimmt auch *dehein* die selbständig negative Funktion:
den Anstoss dazu gaben Sätze negativen Inhalts wie zwei
der oben angeführten, in welchen die Funktion von *dehein*
zweideutig sein konnte; das daneben häufiger werdende *kein*
kann also ebensowohl aus *dekein* (durch Syncope des *e*, Assimilation des *d*) wie aus *enkein* (durch Abwurf des als
Artikel gefühlten und darum entbehrlich scheinenden *en*) erwachsen sein, während für unsere Vorsilbe *a* nur der Ursprung
aus dem *en* von *enkein* möglich ist. Für uns kommt hier
in Betracht, dass das *k* nicht etwa aus alter Verschmelzung
von *d(e)h* sondern aus dem silbenanlautenden χ entstanden
ist. Die Formen mit *h*, welche sich lange Zeit neben denen
mit *k* fortsetzen, erklären sich nach Paul u. a. O. S. 560.

Anmerkung 2. Zu Anfang des 16. Jahrh. war die Form mit *k*
in der Sprache zu alleinigem Gebrauch durchgedrungen, wie aus der
Stelle bei Kolross Bl. B. 8 a hervorgeht: Zū dem fünftenn solt du ouch
wissen dz *dh* in alten schrifften für ein *k* geschriben vnd gelässen
würt, in nachgeenden worten, namlich *dhein* oder *dehein, dheynerley,
deheins wägs* für *khein* vnd *kheynerley, kheins wägs*. — Wo daher in
gleichzeitigen Schriftstücken, wie in einer R. q. von 1534, noch *dhein*
sich findet, zeigt sich das 'Nachhinken' der Schreibung in auffallendem
Beispiel.

Dagegen ist für die Fälle wie $k\chi$*arrəkəd* mhd. *krancheit*,
$\tilde{e}$*wi$k\chi$ait* mhd. *êwicheit*, *büχkəd* mhd. *burchart* Entstehung des
Verschlusslautes *k k* aus dem Reibelaut χ zurückzuweisen.
Manche Schweizerdialekte zeigen hier *kχ* (Bachmann S. 38),
was aus einem χ nicht hätte entstehen können. Das zusammentretende *c—h* ist daher nie zum Reibelaut verschmolzen: wir
müssen der mhd. Schreibung *ch* hier den Lautwert *k* (*kχ*)
zuteilen.

§ 60. Jenen vorgeführten Fällen, welche Übergang
von silbenanlautendem $\chi > k$ aufweisen, scheinen einige Wörter
zu widersprechen, die χ in permanenter Silbenanlautstellung

gleichwohl bewahrt haben: *mįnnᵪₔštai* 'Mönchenstein' Dorfname (die Form mit *k Münkestei*, welche sich z. T. bei den Bewohnern des Dorfes selbst findet, kann hier, auf hochaleman. Boden, nur aus Erhaltung des unverschobenen *c* von *monacus* gedeutet werden, vgl. Kauffmann Beitr. 12, 522), *ǩīᵪₔ* 'Kirche', *lēᵪₔ* 'Lerche, Lärche'. Das χ wird hier nicht durch den einst davor stehenden Vocal gerechtfertigt, weil nach einem solchen die gleiche Entwicklung wie oben in *-lich, -ich* zu erwarten wäre. Dagegen ist es nicht unmöglich, dass nach dem einfachen *mįnnᵪ* 'Mönch' und nach Compp. mit *kirch-, lerch-* das χ in jenen Formen wiederhergestellt sei.

Wenn wir nun auf Grund der obengenannten Fälle, die nur für die schwachtonige und vorstarktonige Stellung zeugen, den Übergang von silbenanlautendem χ zum Verschlusslaut in ganzem Umfang, auch nach starktoniger Silbe, für Bst. statuieren, so ist damit doch nicht mehr als die Möglichkeit gegeben, die Menge der wortanlautenden und inlautenden *k* aus älterem χ herzuleiten. Entschliesst man sich zu der letzteren Annahme, so muss man auch eine sehr weitgehende und konsequente Ausgleichung annehmen, welche in den Gruppen *lχ rχ nkχ kkχ* durchweg nach dem Muster der Formen mit silbenanlautendem χ den Verschlusslaut *k* herstellte.

Eine Anzahl von Wörtern, in welchen man Bewahrung der spezifisch hochalemanischen Verschiebungsstufe erblicken möchte, lassen sich in anderer Weise erklären. *ǩallᵪ* 'Kalk' setzt ein ahd. **kalah* voraus, wo sich wegen des entwickelten Sekundärvocals das (ausl.) *k* gemeinhochdeutsch zu χ verschieben musste (vgl. Kluge et. Wb. s. v. Kalk). Dasselbe gilt für *wälᵪ* 'welk' bei Spreng (mhd. *wëlch, wël*). Den umgekehrten Fall haben wir in *štǫᵪk* 'Storch': hier hat Bst. die Form ohne Svarabhaktivocal ahd. *stork* durchgeführt, während das schriftdeutsche *Storch* ein ahd. *storah* fortsetzt. In *wẹᵪtįg* 'Werktag', *mȧᵪtsįnns* 'Markzins' (Spreng: *Marzahl* für Markzahl) scheint das χ allerdings für ein einstiges *rχ* zu zeugen (s. u. § 88), was in diesen isolierten Verbindungen von Bedeutung wäre. Allein der Vorgang ist der, dass in der Verbindung *rkt* das *k* lautgesetzlich verstummte.

Darauf führt uns bst. *mę̄χt* 'Markt' (urk. 1193 *mergit*, 1297 *Rindermargte*, 1403 *korenmergte*, FP. *kornmerckt*, Andr. Ryff 1600 *Merckt*). Auch in *hammpǝχsma* mhd. *hantwęrcman* müssen wir wohl Schwund des *k* zwischen *r* und *s* annehmen; denn *-rchs* hätte sonst ebensowohl wie *-rks* ein heutiges *-χks* ergeben müssen (u. § 81). — Dagegen ist in *męllχǝ*, 'melken' (so schon bei Spreng) das *χ* nicht lautlich zu erklären: entweder liegt Anlehnung an *mįllχ* 'Milch' vor, oder wir haben hier ein Lehnwort aus dem angrenzenden Baselbiet, woselbst der Baselstädter gemeiniglich von der betr. Erscheinung die erste Anschauung gewinnt.

Nach alledem ist eine bestimmte Spur, welche auf einstmaliges Gelten hochalemanischer *k*-Verschiebungsstufe für Bst. hinwiese, in der lebenden Mundart nicht vorhanden.

§ 61. Unsere Prüfung des Für und Wider lässt, wie wir schon angedeutet, die Frage offen, ob unsere niederaleman. *k*-Stufe sekundär aus der hochalemanischen hervorgegangen, oder ob beide gleichzeitig als Produkt der hochdeutschen Lautverschiebung entstanden sind. Nur vermutungsweise entscheide ich mich für das Letztere und nehme an, dass diejenige Verschiebungsstufe der Gutturalen, welche das Südfränkische entwickelte, seit Alters sich auch das Rheintal hinauf in alemanisches Gebiet hineinzog und bei der Biegung des Tales nach Osten, bei Basel, ihren südlichen Endpunkt fand. Demgemäss setze ich als ahd. Stand der Gutturalen für Bst. an:

germ. *k:* anl. vor Voc. = *k̓* (*kχ*) (Aspirata oder Affricata)
  — vor *l, r, n, w* = *k* (hauchlose Fortis)
inl. nach Voc. = *χ*
  — nach Cons. = *k*
geminiert = *kk*.

Diese Voraussetzung liegt auch oben den §§ 4, 5, 8 zu Grunde.

§ 62. Wir wenden uns zur nähern Betrachtung der einzelnen Gutturallaute.

Über die Aspirata *k̓* im Wortanlaut vgl. o. § 55 und § 8; im Wortinlaut § 8 und § 59. Sie findet sich ausserdem im Wortanlaut als Verschmelzung der Vorsilbe mhd. *ge-*

mit folgendem *h: Kabə* vom Teige 'gehoben, aufgegangen, durchgegohren' mhd. *gehaben pp.* zu *heben; Ķęks* 'Gehacktes' zu mhd. *gehecke; Ķumokə* 'gehinkt' mhd. *gehunken* u. s. f.

In *gĭłsĭ* 'Zicklein' mhd. *kitze* (St. 1 449) entspringt das *g* wohl einer von zahlreichen Dialekten vollzogenen, doch nicht gemeinschweizerischen Angleichung an *gaiss* mhd. *geiʒ* (vgl. DWb. V 869; die Mundart *T* hat nach Winteler S. 57 noch die unangeglicheue Form *χĭłsĭ*).

Zu *(ə)Kain* 'keiner' bemerke ich noch: das *ə* wird gewöhnlich nur bei absolutem Gebrauch des Wortes gesprochen; den unbestimmten Artikel darin zu erblicken, liesse sich schon syntaktisch kaum rechtfertigen; die positiven *əmęrnəgə* 'mancher', *ə jędə* 'jeder' können nicht dafür beweisen. Vom jetzigen Sprachgefühl wird freilich das *ə* als *ein* aufgefasst; das geschieht aber mit jedem wortanlautenden *ə*: für *əsǫ* 'so, auf diese Weise' < *alsó* mit Betonung der zweiten Silbe, für *əfanəə* 'nachgerade, vorläufig, dial. anfangs' kann man bei naivem Schriftdeutschsprechen *einsó, einfángen* eingesetzt hören.

Zur Erklärung der Formen *ə kchein, khein, chein* iu schweizerischen Mundarten (Bachmann S. 36 f.) genügt wohl éine Grundform nicht. Wenn wir für das hochalem. Sprachgebiet den Übergang von silbenanlautendem *χ > k* verwerfen (id. S. 39), so gelangen wir auch nicht zu einer Form *enkein*, mit der wir weiter operieren könnten. *Kchein* müssen wir also doch auf *dechein* zurückführen, und wenn wir sehn, dass die beiden Formen mit *deh-* und *enh-* geraume Zeit, sogar in gleicher Funktion, nebeneinander hergehen (o. § 59), so können wir ohne Schwierigkeit das *ə* in *əkchein* der Nebenform *enhein* entlehnt sein lassen, wobei wir der Annahme des unbest. Artikels entgehen (auch das von Bachmann S. 37 o. angeführte *anthein, enthein* kann sich ja nur als Kompromissform erklären). Für *khein* können wir nicht auf *dechein* zurückgreifen: das *deh > kch* hätte z. B. in *K.* ebensowenig zu *kh* werden können, als in dem (isolierten) *willkchumm* (KM. S. 52) die Affrikata weichen musste. Die Herleitung aus *d(e)hein* und die seltsame Assimilation des *d* ist daher nicht zu umgehen. Aber das *ə* kann auch hier wieder von der Bruderform *enhein* stammen. *chein* endlich setzt un-

mittelbar altes *enchein* fort, mit syntaktischer Abtrennung
des umgedeuteten *en-*. Nach der Vielheit der Formen, wie
sie uns in den Denkmälern von Bst. entgegentrat (o. § 59),
dürfen wir unbedenklich diese Mehrheit von Typen zur Erklärung der mundartlichen Gestaltungen ansetzen.

§ 63. Die hauchlose Fortis *k* im freien Anlaut kommt
nur als Verschmelzung des synkopierten Artikels *t* mit folgendem *g* vor (vgl. o. § 13).

Die Lenis *g* im Anlaut ist Vertreter von germ. ȝ. Ferner
ist sie Schwächung des hauchlosen *k* in Erbwörtern vor *l r n*
und in Fremdwörtern (§ 5, 7), auch des *k*, welches sich aus
dem Präfix *ge-* ergeben hatte (§ 14).

χ im freien Anlaut kommt in Bst. nicht vor.

§ 64. Im Inlaut sehen wir *k g χ* im Wechsel innerhalb der etymologischen Gruppen. Durch eine Reihe von
sprachlichen Vorgängen hat die ursprüngliche Einheit des
wurzelhaften Consonanten eine bunte Vielgestaltung erfahren.
Es geschah dies innerhalb des Urgermanischen durch das
Verner'sche Gesetz, durch die Gemination durch folgendes *n*
und durch die Vereinfachung dieser Gemination nach langem
Vocal und vor Consonant; in der westgermanischen Periode
durch eine neue Gemination, herbeigeführt durch folgendes
n, l, r, j, w: diese zweite Gemination ereilte mitunter einen
Laut, der schon jener ältern, gemeingermanischen Dehnung
erlegen war; konstatieren lässt sich dies nur nach langem
Vocal, wo das Ergebnis der ersten Gemination Reduktion
erlitten hatte und nun durch die westgermanische Dehnung
auf die frühere unreduzierte Gestalt zurückgeführt wurde:
so lassen sich beispielsweise nur aus zweimaliger Gemination,[1]
urgerm. durch *n*, westgerm. durch *j*, erklären die Wörter (bei
Hunziker S. CXXIII) *L flōkχe* 'stehlen' (zu mhd. *vloehen*),

---

[1] Diese Eventualität lässt Kluge Beitr. 9, S. 178 f. bei *zöukχ*,
leuken, *néken*, welche den oben im Text angeführten völlig konform
sind, ausser Betracht und stellt desshalb S. 184 eine Erklärung für sie
auf, deren Unhaltbarkeit Kauffmann Beitr. 12 S. 509 m. E. überzeugend
darthut. Die meisten andern von Kluge ebd. angeführten Wörter enthalten überhaupt nicht urgerm. Gemination. — Vgl. hiezu noch weiter
unten.

schükχe scheuchen' (zu mhd. *schiuhen*, *seikχele* 'nach Seich
riechen' (zu mhd. *sihen*), *schmeukχe*, 'einschmuggeln' (zu mhd.
smiegen); (ich habe dabei Hunzikers *k*, seinem Lautwert und
unserer Transskription entsprechend, in *kχ* umgesetzt). — So
konnte einem idg. inlautenden *k* im Deutschen vor der zweiten
Lautverschiebung entsprechen: *h, hh, ʒ, gg, k, kk;* ein idg.
g konnte erscheinen als *k, kk*, ein idg. *gh* als ʒ, *gg, k, kk*.
Durch die hd. Verschiebung fielen dann *hh* und *k* in *χ* zusammen: auch *gg* und *kk* wurden von Bst. nicht mehr unterschieden. Im weiteren Verlauf der speziell mundartlichen
Entwicklung verschwindet sodann das inl. *h* als besonderer
Laut: in den Silbenstellungen, wo es nicht seit Alters mit dem
χ = westgerm. *k, hh* gleich lautete, ist es in Bst. verstummt.
Bei alledem sind die weiteren kombinatorischen Wandlungen
durch benachbarte Consonanten noch ausser Betracht geblieben.

§ 65. Gehen wir umgekehrt von den Einzellauten der
lebenden Ma. aus, so kann unser inl. *k* entsprechen

1. einem germ. *k* nach *l, r; ɯ ;*
2. einem westgerm. *gg ;*
3. einem im Westgerm. geminierten *k ;*
4. einem schon urgerman. *kk*.

Als etymologische Entsprechung von 1) haben die hochalem. Mundarten der Gruppe I^c (z. B. das benachbarte Baselbiet mit Ausschluss des Bezirkes Birseck, s. o. § 56) *χ* resp.
(nach *ɯ*) *kχ*; unserem 2) stellen sie gleichfalls ein *k* gegenüber; für 3) und 4) jedoch haben sie unterschiedslos *kχ*.
Die Einreihung muss hier durch die etymologische Verwandtschaft entschieden werden: finden sich verwandte Wörter
mit *g* oder einstigem *h*, so liegt urgerm. Gemination vor.
Zeigen die verwandten Wörter nur *χ* = germ. *k*, so ist
nicht mit absoluter Sicherheit zu entscheiden, ob wir es mit
urgerm. oder mit westgerm. Dehnung des *k* zu thun haben.
Wo jedoch verwandte Formen mit *kk* vom Gotischen oder
Skandinavischen geboten werden, ist es sehr wahrscheinlich,
dass unser *k* die direkte Fortsetzung eines urgerm. *kk* ist.

§ 66. Belege für diese Gesetze, besonders auch aus
den aleman. Mundarten, sind nach den betr. Rubriken reich-
haltig zusammengestellt bei Paul Beitr. 7. 124 ff., Kluge

Beitr. 9, 161 ff., Kauffmann Beitr. 12, 515 ff. und bei Bachmann S. 16 ff., 40 ff. Zur Illustration des Obigen führe ich zunächst einige gesicherte Beispiele in der Lautform von Bst. an.

Zu 1. *wʊllkɔ*, 'Wolke' bld. *wulche; habɔrmaχk*, 'Wiesenbocksbart' bld. *habermarch; dʊɴɴɔkɔ*, 'tauchen' bld. *dunkche* (mhd. *tunken*).

Zu 2. *šlɔɴɴɔkɔ* 'Henkel am Kleide, Kurve auf dem Papier etc.' verwandt mit *schlingen; sɪɴɴɔkɔlɔ* vom Ofen 'nach Glut riechen' verw. mit *singen, sengen; bʊkļ* 'Buckel' verw. mit *biegen* (vgl. *bʊk* unter 4.); *mʊk* 'Mücke'; *rʊkɔ* 'Rücken'; *šnɟk* m. 'Schnecke'. — Hier überall hat Bld. als etymol. gleichwertigen Laut *k*.

Kōk Schimpfname (zu mhd. *koge* 'contagio') gehört auch in diese Reihe: das ungeminierte *g* liegt noch vor z. B. in bld. *chōg* (vgl. Bachmann S. 27). Die Vocallänge vor der Fortis in unserer Form befremdet: sie wird als Entlehnung aus der ungeminierten Form, die einst daneben bestand, zu beurteilen sein.

Zu 3. *bɑkɔ* m. 'Backe, Wange' verw. mit schweiz. *bache* 'Speckseite'; *nakɔdig* 'nackt'; *bek* 'Bäcker' verw. mit *bɑχɔ* 'backen'.

Zu 4. *bɪkļ*, 'spitze Hacke' (fälschlich als *Pickel*, wohl mit Angleichung an nhd. *picken*, in den Schriftgebrauch hinübergenommen, in der Bedeutung 'Gletscherbeil') verw. mit *bɛɪļ* 'Beil' mhd. *bihel; šĭkɔ* 'schicken' verw. mit *kšɛ̃* 'geschehen'; *bʊk* 'Biegung, eingedrückte Stelle' verw. mit *biegen* (das *k* also nicht gleichwertig dem von *bʊkļ* s. o. unter 2.); *rɑɴɴɔk* m. 'Wendung, Kehre' verw. mit *arɑɴɴɔ*, 'Anlauf'; *šwɔɴɴɔkɔ* 'spülen' verw. mit *schwingen; tχɔkɔ, tχeknɔ* 'trocken, trocknen' wofür Bld. wie alle andern Schweizermaa. (Bachmann S. 40 f.) die Form mit reduzierter Geminata (Beitr. 12, 532 f.) *droche, troche* zeigen; *mɔkɔ* 'Brocken' *mekɔlɔ*, 'einbrocken' (Formen mit reduzierter Geminata, mit westgerm. Gemin. und mit dem einfachen Laute bei Bachmann S. 48 f.); *nɟktɔ* 'Nacken' (im Ablaut zu ahd. *nacch*). — All diesen *k* der Reihe 3. und 4. stellt Bld. *kχ* als etymol. gleichwertig entgegen.

§ 67. Ich füge dem noch folgende Wörter aus Bst. bei: *spχikɔlɔ*, betupfen, sprenkeln' (zu mhd. *sprëckel*): Bld. mit

seinem *k* beweist westgerm. Dehnung, die ungeminierte Form
in *L. sprigel*, St. II 386 *sprägel;* die ahd. Formen bei Graff VI
391 und isl. *sprekla,* schwed. *spräkla* (s. Kluge et. Wb. s. v.
Sprenkel) fordern daneben auch eine urgerm. Gemination (vgl.
Paul, Beitr. 7, 134), welche in unsern Maa. nicht fortlebt.
miki̯s m. 'unnützer Kram', in *L mi̯nggi̯s* 'Durcheinander' wahrscheinlich zu bst. *mẹroɔkələ* 'mit Unlust essen, in der Speise
herumkramen' (Hunziker S. 176, St. II 195): die Form o h n e
die westgerm. Dehnung bei St. *mängelen;* wohl zur Sippe
von nhd. *mengen (√ mik, mink* vgl. Kluge et. Wb. s. v.
mengen). Bst. *naχt-gǫkələ* 'Nachthaube': das ungedehnte *g*
in mhd. *gugele* 'Kaputze', Id. II 155 *Gügel* 'Spitze eines
konischen Hutes, Kappe; Hügel'; dazu bst. *gūglhǫpf* 'ein
Kuchen von der Form einer Mütze mit einwärts gedrücktem
Zipfel'. Es ist nicht wahrscheinlich, dass in dem *k* der erstgenannten Form das *c* des mittellat. Stammwortes *cuculla*
direkt fortgesetzt ist; vielmehr wird man Aufnahme des Lehn-
wortes vor der westgerm. Consonantendehnung annehmen (vgl.
Kauffmann, a. a. O. 510c); — eine Anlehnung von *gugel*
gokele an die verschiedenen Stämme mit der Wurzel *gūg* im
Id. II 156 ff., die alle den gemeinsamen Begriff des rundlich
Vorschwellenden haben, muss wegen der fremden Herkunft
des Wortes aus dem Spiele bleiben. — Bst. (und bld.) *bi̯roɔki̯s*
'Knirps' wird zu der Sippe von *banken* 'stossen, schlagen'
(Bachmann S. 23 f.) zu stellen sein (dazu in Bst. mit un-
geminiertem *g* noch *bᴇroɔl̦* 'Knüttel', *bᴇroɔlə* 'mit Knütteln
werfen'): wegen des *i̯* von Bld. ist es schon lautlich nicht
mit *bünkis* bei St. I 342 direkt zusammenzubringen. Die
Bedeutung macht Schwierigkeit. Vgl. noch die häufige Verbindung bst. *s̓i̯l̦bi̯roɔki̯s,* auch ablautend — *bᴜroɔki̯s* spöttisch
für einen Schielenden, und mhd. *ougen pinken* 'das Auf- und
Zuschlagen der Augen'. — Zur Reihe 2. gehören ferner noch:
dᴜroɔk 'unausgebacken, nicht porös'; die Form mit einfachem
g bei Stalder I 263 *täng;* wodurch die Gemination bewirkt
wurde, ist mir hier wie in einigen andern Fällen nicht ersichtlich: Kauffmanns Erklärung aus urgerm. **pingna > *pinkka*
(a. a. O. 505) kann nicht richtig sein, weil dann in Bld. und
T *kχ* erscheinen müsste; auch schweizerisch *teik* 'überreif', in

Gährung übergehend' von Birnen (Bst. kennt nur die Form
mit ungedehntem *g daig*) kann nur auf westgerm. *gg* zurückgehen, vgl. z. B. *L teigg*. Bst. *flęnnkə* 'Lappen, hängender
Fetzen' (vgl. Id. I 1201); Stalder I 383 vergleicht mit Recht
schwed. *Flinga* (dänisch *flig* 'Zipfel'). Wo dem Guttural *r*
vorausgeht, lässt sich vom Boden von Bst. aus nicht entscheiden, ob *g* oder *k* zu Grunde liegt, vgl. o. § 30: *šlįχkə*
'schmieren, sudeln' (Bachmann S. 23), *woχkə* 'würgen, würgend
herunterschlingen' (id. S. 21).

(Unsicher, ob auf altes *gg* oder *kk* zurückzuführen, weil
im Hochaleman. nicht belegt, ist Sprengs *Racken* (der) 'Kaan,
Weinblume', *der Wein läuft Racken* 'ist kaanicht, er blühet'
zu mhd. *rac, ragen*; vgl. Weigand Wb.² II 426, wo ahd.
pirakêt, pihragêt 'schimmlig, mit hervorstehenden Pilzen be-
deckt' zugezogen wird.)

Westgerm. gedehntes *kk* haben wir noch in *šlaikə*
'schleppen' (St. II 326) zu mhd. *slichen, sleichen*. Die heutige
Bedeutung mag sich durch Vermischung mit *šlaipfə* mhd.
sleipfen herausgebildet haben (die ursprünglichere 'heimlich
zustellen' s. bei Stalder).

Urgerm. *kk* liegt vor in (*į*)*nųkə* 'nickend (ein)schlummern'
mhd. *nücken*, St. II 245: die Parallele *nücken*: got. *hneiwan*
= *drücken*: got. *þreihan* lockt zu der Vermutung, dass auch
hneiwan, nigan aus seiner ursprünglichen Ablautsreihe aus-
getreten sei (vgl. Brugmann, Grundriss § 214); dann fiele
aber die Zusammenstellung mit lat. *cōnīveō, nictāre* (Osthoff,
Beitr. 8, 274, Brugmann, Grdr. § 433) weg, und so ist es
vielleicht richtiger, mhd. *nücken*, dial. *nųkə* ganz von *nicken*,
nigen zu trennen und mit Stalder zu *nauggen* 'einnicken,
sitzend oder stehend schlummern' (St. II 233) zu stellen.

§ 68. Westgermanisch *ʒ, g* wurde von combinatorischen
Wandlungen betroffen in folgenden Fällen:

Palatalisierung in den Verbindungen *-iʒi* und *-eʒi-*. Der
Vorgang war wohl der, dass durch die umgebenden Vocale
die Artikulationsstelle des Consonanten so weit nach vorn
verschoben wurde, dass der Zungenrücken, an palatalen Verschluss nicht gewöhnt, den Gaumen nicht mehr erreichte; es
entstand reduzierter Reibelaut, mit dem sich der Stimmton

verband; die beiden Silben vereinigten sich unter einem, Anfangs zweigipfligen Accent. In Bst. fällt hieher: *ljš̄š ljt* mhd. *līst, līt* (urk. 1282 u. ö. *līt*); *snišˉ̃ snit ksait* mhd. *seist seit geseit, tχaišˉ̃ tχait* mhd. *treist treit*, dazu das schw. part. prt. *tχait* 'getragen' (vgl. Weinhold, al. Gr. S. 389), durch Anlehnung an die Formen von *sagen* entstanden; *maitlj* mhd. *meitlin* < *megetlin*. (dazu in allen Denkm. öfters *leit, geleit gleydt* 'legt, gelegt', auch noch bei Spreng *abglait*, heute in der Stadt ausschliesslich *lekt, glekt*, eine (gut mundartliche) Neubildung zu *lēγ, lēgə*. Fr. Ryff schreibt *verdettigen, verdedygen, thediyen* für mhd. *verteidingen*; der heutigen Ma. ist das Wort nicht erhalten). Dieses neue *ei* ist mit dem alten *ei* zusammengefallen.

Assimilation an den homorganen Nasal in der Verbindung *ŋy: rjˠŋˠŋˠr, am rjˠŋˠŋˠštə* adv. 'eher, lieber; am Besten' mhd. *ringer, ringest*, u. v. a. Wenn dem gutturalen Nasal die Fortis *š̄š* oder *t* folgt, so wird ein kurzer Übergangslaut artikuliert, in welchem man die Erhaltung des einstigen Verschlusslautes *g* sehen darf: *tsŵˠŋˠŋˠ* ('trotzig erzwingen wollen', mhd. *twengen*), 2. 3. pers. *tsŵˠ.χŋˠkš̄, tsŵˠχŋˠkt*. Vor dem *š* neutraler Stärke, z. B. im vorgenannten *rjˠŋˠštˠ*, tritt diess nicht ein. Der Vorgang stimmt genau zu dem in § 32 erwähnten. — Wo das *ŋ*, an schwachbetonter Stelle, ausfiel, erhielt sich *y*, s. u. § 93. Das *ŋy* der heutigen Mundart ist immer erst durch sekundären Wegfall eines Vocals zwischen *n* und *g* entstanden. —

Verstummen des *g* (bei schwachem Satzton?) zeigt die isolierte Form *mō̃rn* 'cras' mhd. *morgene morne morn, mō̃rntχiy* 'crastinus' vgl. R.q. 1457 *morndes;* aber Subst. *mō̃χkə* 'Morgen'. — Hieher noch Sprengs *ma* 'mag' *I ma nit* 'nolo' (heute immer *may*): dieser Schwund des *g* im Auslaut nach Vocal gewinnt weitern Umfang in den nördlichen niederaleman. Maa. (vgl. Herrmann S. 14, Maukel S. 36, Heimburger Beitr. 13, 236). Andrerseits aber steht *gnγə* mhd. *genuoc*, schon von Spreng als 'Landwort' bezeichnet, in Bld. dem Bst. *gnγəg* entgegen.

Zuwachs erhielt *g* durch Wandelung von *χ* s. o. § 59; durch Wandelung von *j* s. u. § 95.

§ 69. Der Reibelaut χ. Allgemeineres darüber s. o. § 10. Das χ von Bst. ist in jeder Stellung velar, nie der 'ich-Laut'. Doch ist es nur die entscheidende Artikulationsstelle, welche unabhängig von der vocalischen Umgebung bleibt. Die mittlere und vordere Partie der Zunge dagegen nimmt je nach dem vorausgehenden Vocal eine andere Lage ein, ist nach den e- und i-Lauten dem harten Gaumen genähert. Diess modifiziert die Art des Geräusches sehr wesentlich. Wenn Winteler KM. S. 41 bemerkt, dem Deutschen, der palatales *ch* besitze, scheine der Schweizer *iach* für *ich* zu sprechen, so kann man andrerseits leicht beobachten, dass der Deutsche, der unser *īχ*, *meχt* ('möchte') mit velarem χ zu sprechen sich bemüht, für unser Ohr ein *iaχ*, *meaχt* hervorbringt. Der Grund liegt darin, dass er die Organe nach dem *i* und *e* rasch in die Lage versetzt, in welcher er gewohnt ist, das velare χ zu produzieren, zumeist in die *a*-Lage. Dabei geht aber jene durch die vordere Zunge bewirkte Schallmodifikation verloren.

Während das χ in Bst. keine grammatisch gegensätzlichen Stärkegrade kennt, sind die individuellen und zufälligen Energieabstufungen bei diesem Laut sehr merkbar. Besonders gesellt sich, bei kräftiger Exspiration, ganz gewöhnlich das uvulare Zittern bei. Doch geschieht diess in der Regel nur, wo wirkliche Fortis, nicht wo der neutrale Stärkegrad vorliegt; also in *maχə*, *maχ* ('machen, macho'), nicht in *maχš*, *maχt* ('machst, macht').

Anmerkung. Bei einzelnen Personen kann man in gewissen Lautumgebungen, besonders vor folgendem *i*, z. B. in *ḳ̓üχt* ('Küche'), *hęχt* ('Höhe') eine andere Aussprache des χ finden: die Enge bildet sich am hintern Teil des harten Gaumens, doch so weit, dass nicht der *ich*-Laut sondern annähernd ein stimmloses *i*, also ein *h*-ähnliches Geräusch entsteht.

§ 70. Etymologisch entspricht das χ: 1) westgermanischem postvocalem *k*. Beispiele: *betlaχə*, *līlaχə* 'Betttuch. Leintuch' mhd. *bettelachen, linlachen*, schriftdeutsch aus dem ndd. *Laken; baχə* 'in Lauge waschen' mhd. *būchen* engl. *to buck; hęχl* 'Hechel' dann übertragen 'Aufspringen der Haut am Handrücken vor Kälte' mhd. *hachel, hechel* ndd. *hekel*; dagegen gehört *Hechel* bei Spreng 'Scherzname eines lebhaften argen Mädchens' mit mhd. *hechel* 'verschmitztes Weib, Kupplerin' zu *hache* 'Bursche'; *glaiχ* 'Gelenk' mhd. *geleich*.

§ 71. 2) entspricht $χ$ germanischem *h*: entweder hat sich dasselbe vor *t* als Reibelaut erhalten (vor *s* s. u. § 81); oder es verdankt seine Schärfung der westgermanischen Gemination; in den zahlreichsten Fällen aber wirkt das Gesetz, dass germ. *h* nicht bloss im ursprünglichen Silbenauslaut als Reibelaut (der es einst in jeder Stellung war) bewahrt bleibt, sondern dass, auch wenn später erst der Schwund eines folgenden Vocals das *h* in den Silbenauslaut versetzt, daselbst der Reibelaut für den Hauchlaut eintritt.

§ 72. Es lohnt sich hier einen vergleichenden Blick auf das Verhalten der hochalemanischen Dialekte zu werfen. Das einfache Verhältnis von Bst., wonach germ. *h* entweder verstummt oder mit dem *ch* = westgerm. *k* zusammenfällt, wird auch von anderen Schweizermundarten geboten, z. B. von JM., soviel ich aus der kurzen Andeutung bei Brandstetter S. 235 schliesse. Dem treten jedoch andere Maa. mit einer weit mannigfaltigeren Vertretung von germ. *h* entgegen (vgl. Bachmann S. 14 f.). Zwei Punkte kommen dabei vor allem in Betracht. 1) Haben manche Dialekte, z. B. *L* (Hunziker S. CXXVIII), *T*, Thurgau (nach Winteler S. 51), noch das inlautende *h* als Hauchlaut erhalten, freilich nicht mehr in lebendigem Wechsel mit *ch* nach dem ursprünglichen Prinzip, nach der Silbenanlauts- und -auslautsstellung: das *h* zwar ist durchaus auf den Silbenanlaut beschränkt, aber das *ch* hat sich über seine einstigen Grenzen ausgedehnt, vgl. z. B. die bei Hunziker S. 131 s. v. *höch*, S. 166 s. v. *liche* angegebenen Formen. Das hindert nicht, dass der ursprüngliche Wechsel zuweilen in ungestörter Tradition sich erhalten hätte, vgl. *L ꞵtahel — ꞵtächle, zẹhe zẹhet̞ist — zẹchner zẹchni̞, zehe — zẹ̈chle.* — Wie es scheint, kommt dieses *h* durchgängig nur nach kurzem Vocal vor: wo langer Vocal vorausging, erlitt er Verkürzung, wofern nicht die Nebenform mit verstummtem *h* oder mit dem geschärften Laute *ch* begünstigt wurde. — 2) Findet sich in gewissen Mundarten, z. B. in *T* und *K* (Winteler S. 51) für das geschärfte *h* zwiefache Vertretung, wovon die eine mit dem Vertreter von westgerm. *k* gleichlautet, während die andere einen schwächeren Intensitätsgrad enthält. So gilt für *T* die Regel, dass *ch* == westgerm. *k* nach langem wie nach kurzem Vocal als Fortis $\chi\chi$ erscheine; und das gleiche $\chi\chi$ finden wir nun auch an Stelle von germ. *h* in *büχχɛl* (zu mhd. *bühel*), *sœiχχœ sœiχχɛlœ* (mhd. *seichen*), *s̆ũχχœ* (zu mhd. *schiuhen*), *rũχχi* (zu mhd. *riuhe*), *rǣχχɛlœ* (zu mhd. *rœhe*). Dagegen die Lenis χ erscheint in *rũχ, rǣχ, gǣχ* (mhd. *gœhe*), *höχ* (zu mhd. *hôch*), *tsẹ̃χœ* (mhd. *zêhe*), *tsɛχ* Konj. praes. zu mhd. *ziehen* u. a. Mich dünkt, diese Differenz erklärt sich in befriedigender Weise dadurch, dass wir jene ersteren Formen mit Fortis $\chi\chi$ auf alte, westgermanische Dehnung zurückführen (in *büχχɛl* wurde sie durch *l* bewirkt, in den andern Wörtern durch *i̯*), während die in zweiter Reihe genannten Wörter, die mit der Lenis χ, ihren Reibelaut e r s t s p ä t e r, durch Verallgemeinerung des im Silbenauslaut erscheinenden *ch*, überkommen haben. Entsprechendes finden wir in *K*. Diese Ma. lässt nach langem Vocal überhaupt nur Lenis χ zu; die oben berührte Zweispaltung kann also nur nach kurzem Vocal sichtbar werden. Wirklich steht auf der einen Seite *laχχœ*, mit zweifellos alter, westgerm. *i̯*-Dehnung, auf der anderen Seite die zahlreichen Wörter mit Lenis χ wie *tsɛχœ* (mhd. *zëhen*), *lɛχœ* (mhd. *lëhen*), *tswœχœli̯* (mhd. *twehele*) u. a., in denen das χ jüngeren Ursprung verrät. — In diesem Sinne ist o. § 45 zu berichtigen: auch unter den nicht dehnenden Schweizerdialekten geben einige das Alter ihrer *h*-Schärfungen zu erkennen, und zwar durch den Stärkegrad des betr. Reibelauts. In Bst. fehlt dieses Criterium: hier kann uns die Quantität des voraufgehenden Vocals zuweilen auf die richtige Spur führen.

Nicht leicht ist endlich die Frage, wie in den Dialekten, welche das silbenanlautende *h* als solches bewahrt haben, neben diesem *h* das V e r s t u m m e n unterzubringen ist. Zunächst scheint überall nach Consonant *h* erloschen zu sein (Hunziker S. CXXVIII). Aber wie erklärt sich der Ausfall zwischen zwei Vocalen? Vermutlich gab auch hier die veränderte Silbentrennung den Anstoss zum Ausfall, wie sie unter anderer Bedingung Veranlassung zur Schärfung wurde.

Instruktiv ist der Gegensatz von *L zę̆chner* und *zę̆nde*: wenn
in *zĕhener* und *zĕhende* das mittlere *e* den Silbenaccent verlor,
so wurde dort *h* silbenauslautend und darum zu *ch* geschärft, während hier eine andere Entwicklung geboten war;
es enstand vielleicht zunächst eine Form wie *ze^hyde*, in
welcher das *h* schwand und dann Zweisilbigkeit eintrat. In
dieser Weise lassen sich *L lę̆* neben *lę̆he* (mhd. *lëhen*). *bŭel*
neben *bühel* (mhd. *bühel*) *zie* (mhd. *ziehen*), *fō* (mhd. *vâhen*)
u. a., *T' bŭœl, kī̆ę̆* (mhd. *geschĕhen*) begreifen. *h* bildet ja
seiner Natur nach eine wenig feste Silbentrennung, indem
es keine veränderte Artikulationsstellung, sondern nur ein
momentanes Aussetzen des Stimmtons mit sich führt. —
Dagegen bleibt *T tsu̇ɣœlœ* hierbei unerklärt, weil der Schwund
des *h* hier nicht von einer Reduction der Silbenzahl be-
gleitet ist.

In den Dialekten, welche inlautendes *h* nicht mehr besitzen, fällt diese ganze Schwierigkeit weg: hier ist inlautend
germ. *h* überall, wo nicht die geschärfte Form zum Siege
kam, unterschiedslos geschwunden. Allein wie die schriftlichen Denkmäler (s. u. § 76 Anm.) und begleitende vocalische
Erscheinungen (u. § 82) zeigen, hat auch hier das Gesetz
des Ausfalls nicht gleichmässig und gleichzeitig gewirkt: auch
hier muss, wie in den Maa., die noch heute *h* und *0* nebeneinander zeigen, das Schwanken der Accent- und Silben-
trennungsverhältnisse eine Rolle gespielt haben.

In der Begünstigung der verschiedenen Doppelformen
ist jede einzelne Mundart ihre eigenen Wege gegangen. An
den von Winteler a. a. O. gegebenen Formen aus *K* und *T*
zeigt sich die bunte Durchkreuzung aufs Anschaulichste. *K
šŭ̄ɣœ, rŭ̄ɣi̧* kann dem *T šŭ̄ɣɣœ, rŭ̄ɣɣi̧* etymologisch gleichwertig sein, ebenso *K tsę̆ɣœ, rœ̄ɣ, rŭ̇ɣ* dem *T tsę̆ɣœ, rœ̄ɣ,
rŭ̇ɣ*. Dagegen enthält *K fę̆* (zu mhd. *vihe*), *gœ̄* (mhd. *gœhe*)
eine andere Stufe als *T fę̆ɣ, gœ̄ɣ, K bŭ̄ɣɭ* eine andere als
T bŭ̄ɣɣɭ, endlich *K blaɣœ, šŭ̇ɣęr* (mhd. *swëher*), *lṷɣœ, tsę̆ɣœ*
eine andere als *T blahœ, šŭ̇hęr, lę̆hœ, tsę̆hœ* (denn dieses *ɣ* in
K dem ungeschärften germ. *h*, *T h*, gleichsetzen zu wollen,
geht doch nicht an). So erscheint mhd. *blahe* in *T* mit un-
geschärftem *h*, in *K* mit sekundär geschärftem *ɣ*, während die

Form von Bst. (s. u.) ein Zurückgreifen zur westgermanischen Consonantendehnung nötig macht.

Es wäre erwünscht, wenn künftige Lautdarstellungen schweizerischer Mundarten diese verwickelten Verhältnisse für ihr jeweiliges Gebiet möglichst erschöpfend behandelten.

§ 73. Belege aus Bst. für die in § 71 gegebenen Regeln sind a) *flε̄χtə* 'flüchten' Ableitung zu dem bei Graff III 768 belegten *giflôhta* 'fugatos', welches seinerseits part. prt. zu (mhd.) *vlœhen* 'flüchten' ist (vgl. Id. I, 1160 [1]); *sε̄χtə* 'seihen' im Mhd. und Ahd. zwar nicht belegt, aber jedenfalls alte Bildung zu *sihen*, der erstgenannten ganz konform; *k=mε̄χt* 'halb ohnmächtig, öde im Magen' steht im Ablaut zu *=mōχtə* 'schmachten', welches ein *smáht* mit langem Vocal fordert (vgl. Kluge et. Wb. s. v. Schmach): ein Ablautsverhältniss wie *tuon : tân* u. a. (dazu bei Andr. Ryff *spöcht machen uff* 'spähen nach Etwas', = ahd. *spâhida* zu *spehôn*, eine andere Bildung bei St. II 381 *spechten*.)

§ 74. b) Alte westgerm. Gemination des *h* können wir mit Sicherheit erblicken in *blaχə* 'Decke' (vgl. Kauffmann Beitr. 12, 524), das ungedehnte *h* in mhd. *bluhe;* *laχə* mhd. *lachen* got. *hlahjan;* *saiχə* 'mingere' mhd. *seichen* zu *sîhen* und dem obigen *sε̄χtə*. Die Erhaltung der Vocalkürze vor dem *χ* oder das Vorkommen der betr. Formen in ahd. und mhd. Zeit beweisen hier für das Alter der Geminata. In der Reihe der folgenden Wörter dagegen lassen es manche der von Haus aus langvocalischen fraglich, ob ihr *χ*, durch alle Formen durchgeführt, schon vor die Zeit der allgemeinen Vocaldehnung, vielleicht in die westgermanische Periode fällt, oder nicht; während bei den einst kurzvocalischen kein Zweifel

---

[1] Von den hier aufgeführten schweizerischen Formen enthält *flöche* ohne Zweifel westgermanisch durch *i̯* geminiertes *h*. In *fläucha* dagegen weist der Vocal auf urgermanische Gemination des *χ* (im grammatischen Wechsel zu *h*) > *kk*, mit regelrechter Vereinfachung desselben nach dem langen Vocal. *flöke* endlich (Aargau und Bld; *k = kχ*) erklärt sich nach o. § 64; doch wäre hier auch *äu* (L *ōū öi eu*, Hunziker S. LIV) zu erwarten, da ja vor westgermanischem *k* die Monophthongierung des *au* nicht eintreten konnte: das *ö* wird sich nur als Entlehnung aus dem nebenhergehenden *flöche* deuten lassen. In *fläukle* liegt wirklich, wenn *k* hier = *kχ*, das unvermischt lautgesetzliche vor.

sein kann, dass bei ihnen die Schärfung des *h* erst später, erst nach der Vocaldehnung eintrat (vgl. o. § 45). Weitgehende Ausgleichung zwischen den Formen, in denen' die Schärfung lautlich berechtigt war, und den anderen muss auf beiden Seiten, bei den alten wie bei den neuen *χ*, gewaltet haben. Ich führe sie hier zusammen auf.

Verallgemeinerung des *χ* über alle Formen des Stammes sehen wir in: *gę̄χ* 'jäh, steil' mhd. *gæhe; tsę̄χ* 'zäh' mhd. *zahe;* bei Spreng *rǟch* 'heiser' mhd. *ræhe* 'starr, steif', dazu wohl auch Sprengs *rǟchelen* 'ranzicht riechen oder schmecken' mit Verschiebung des Begriffs vom Tastsinn zum Geruch- und Geschmacksinn. *šlęχə* 'Schlehe' mhd. *slêhe; tsę̄χə* m. 'Zehe' mhd. *zêhe; lęχəma* 'Lehenmann, Pächter' fordert ein altes *lëhen* —, eine Bildung aus der schwächsten Wurzelstufe; einem *ê* müsste *ę̄* entsprechen wie in den beiden letztgenannten Wörtern [1]. *dīχlə* 'geschäftig eilen' wird zu mhd. *diuhen, tiuhen* 'sich bewegen, laufen' zu stellen sein; *štɑ̄χḷ* 'Stahl' mhd. *stahel,* dazu *štę̄χəlį* Familienname Staehelin, urk. 1297 *Stehelli* (mhd. *stehelin*), bei Spreng *šlǟchlen* 'stühlen'; *hannd-tswę̄χəla* Handtuch, Zwehle' mhd. *hanttwehele. — līχə* 'leihn' mhd. *lîhen; fəχtsīχə* 'verzeihn' mhd. *verzîhen; šīχə* 'scheuen' mhd. *schiuhen,* dazu part. prt. *kšǫχə* mhd. belegt *geschochen; rɑ̄χ* 'rauh' mhd. *rûch rûhes; hǭχ* 'hoch', *hę̄χər* 'höher', *hę̄χị* 'Höhe' mhd. *hôch hœher hœhe; nǭχ* 'nahe', Comp. *nę̄χər* mhd. *nâhe næher; īβəχtswę̄χ* 'in die Quere, verkehrt' mhd. *über twërch* (gen. *twërhes*).

§ 75. Andere Stämme zeigen noch ein Nebeneinander von *χ* und *0*, in welchem mehr oder minder getrübt der einstige Gegensatz von Silbenauslaut und Silbenanlaut sich reflektiert: *tsę̄χə* '10' besonders in absolutem Gebrauch, daneben *tsę̄; tsę̄nį* '10 Uhr': mhd. *zêhen. tsapfətsiąχər* 'Korkzieher' und andere Verbindungen mit diesem zweiten Kompositionsgliede, neben *tsią* mhd. *ziehen. fī* und *fīχ* 'Vieh' mhd. *vihe;* dagegen im plur. stets *fīχər*: nicht unmöglich, dass das *χ* hier lautlich entstand, insofern die Endung vor folgendem Vocal die sonantische Funktion verlieren konnte;

---

[1] Auch *L lę̄he* (Hunziker S. CXXVIII) setzt mhd. *lëhen* voraus, während *T lę̄hæ* (Winteler S. 51) sein *ę̄* wohl aus *ê* gekürzt hat.

dim. *ſſχlį* mhd. *vihelin*. *į ksſχ* und *į ksſ* 'ich sehe' mhd. *ich gesihe*, 2. pers. *də ksſχs* und *də ksſ̄sš*, 3. pers. immer *ər ksſt* (auch in 1. und 2. klingen schon die Formen mit *χ* etwas altertümlich); plur. *ksẹnd* mhd. *gesëhent*, Inf. und part. prt. *ksẹ̈* mhd. *gesëhen;* im Cond. hat sich das *χ* in allen Personen festgesetzt, *ksẹ̄χ ksẹ̄χš ksẹ̄χə*, und hilft recht eigentlich die konditionale Funktion lautlich auszuprägen; hieher noch *asẹ̄χə* 'Ansehn', *aksẹ̄χə* 'angesehn', *įsẹ̄χə* 'Einsehn', jedenfalls gut mundartliche, wenn auch nicht eben volkstümliche Wörter. Ganz analog, soweit die Formen vorkommen, verhält sich *ksẹ̈* mhd. *geschëhen*. *nǫ* präp. 'nach' mhd. *nâch*, aber *nǫχə* 'nach' als Adv., auch in der Bed. 'nachher', ist aus *nâch hin* und *nâch hër*, wie es auch jetzt noch die beiden Richtungen bezeichnet, erwachsen (z. B. Fr. Ryff *ouch die nochin gar mit irer hab hinweg zugen;* vgl. Winteler KM. S. 210; Stickelberger S. 58). Ich denke, dass das rätselhafte *tsųaχə* (aus *zuo hin, zuo hër*) sein *χ* der Anlehnung an jenes begriffsverwandte *nǫχə* verdankt. Zu dem letzteren *nǫtįnǫ* (Hauptton meist auf der letzten Silbe) 'nach und nach'; wir müssen dafür auf ein altes *nâh unti nâch* zurückgreifen; die Fortis *t* blieb erhalten wegen der Verschmelzung mit *n*, *ch* im Auslaut schwand entweder vor folgendem Vocal oder bei schwachem Satzton.

§ 76. Der Typus mit erloschenem *h* dagegen ist verallgemeinert in *dūr dūrə* 'durch, hindurch' (*dūr* vor stimmlosen Consonanten wird zu *dūχ*, z. B. *dūχstǭr* 'durch das Tor', was auch die lautliche Fortsetzung von *durch* sein könnte); *fūrə* 'Furche' mhd. *vurch* plur. *vürhe; fǭrə* 'Föhre' mhd. *vorhe; bįfẹ̄lə* mhd. *befëlhen; sſlə* mhd. *schilhen; fəχtlẹnə* 'entlehnen' mhd. *verlëhenen; afǭ* 'anfangen' mhd. *anevâhen* (für das einfache *vâhen* aber nur *fanoə*); *slǭ* 'schlagen' mhd. *slân < slahen;* u. a.

Anmerkung. Vereinzelte Fälle mit Ausfall des *h* (vgl. Weinhold al. Gr. § 234, 236) reichen in die älteren Urkunden zurück: *Rezagil* n. pr. 1248, 93 u. ö., *rerran* 1274, *nesten* neben *nehsten* 1271, 1325, *wienaht* 1229 *ȝe Winnachtin* 1316, *lenherre* 1297, *lénrrowen* 1209 (gegen *lechen* 1398 u. ö.), *dvr* 1275, 82 u. ö. (*durch* 1307) — alle mit vorausgehender langer Silbe. Die inlautenden *h* bleiben in der Mehrheit und sind noch das 15. Jahrh. hindurch häufig genug. Daneben aber gewinnt *ch* eine

starke Ausdehnung, wie sie keineswegs zur lebenden Ma. stimmt. Die
Formen bei P. G. *beschicht* (: *richt*), *sicht*, *zücht* : *flücht*, *geschmecht* (: *knecht*)'
foch (Imp.), *wie mans anfach* (Konj.), *schilch* (: *billich*) mögen unanfecht-
bar sein, obwohl sie Bst. nicht mehr kennt. Schon befremdlich ist bei demselben *schlach ich*, *anschlecht*, *anfacht* (: *macht*) für heutiges *šlǫ̈*, *šlǫ̈t*, *fǫ̈t*.
Und die völlig zur Regel gewordenen *gesechen*, *sochen* (mhd. *sähen*),
beschechen, *abschlachen*, *anfachen*, *ziechen*, *zuchen* (mhd. *zugen*), *bevelch*
bei Fr. Ryff und bei Andr. Ryff-erregen vollends Zweifel, ob das *ch*
an diesen Stellen der Mundart angehörte, ob es nicht bloss dem Ge-
misch von Gemeinsprache und Dialekt, welches sie schrieben, eigen
war. Wenn Sattler in seiner Orthographey dem Lernenden ans Herz
legt *Anfahen*, *vnd nicht anfachen*, *dann nicht gesagt wirdt anfachen*,
sonder anfahen (und ebenso bei *sehen*), so kämpft er vermutlich gegen
das Befolgen nicht sowohl einer dialektischen als vielmehr einer
fälschlich eingerissenen schriftsprachlichen Gewohnheit an. Hätte sich
in all jenen Wörtern das *ch* einmal festgesetzt, so wären keine Formen
mehr geblieben, nach deren Muster die heutigen mit verstummtem *h*
hätten eindringen können. Diejenige Regelung von *ch* und (*h*), welche
das heutige Bst. zeigt, wird allerdings jüngeren Datums sein. Doch
steckt in Sprengs *befelchen*, *befelchet*, *verschlachen* wohl altertümliche
Schreibung. Dasselbe gilt noch sicherer für sein häufiges inlautendes
h in *abschlaher*, *anschlaher*, *aufschlahen*, *umschlahen*, *anfahen*, *umfahen*,
zuschlahen, da er daneben vielfach die Form mit dem mundartlichen
o angiebt, z. B. *umschlahen*, *umschlagen*: *eine Diebin umschlagen oder
umschlo*

§ 77. Das ursprünglich vorstarktonige *h*, welches wir
hier gleich heranziehen, erlag dem nämlichen Schicksal
des Ausfalls, wenn sein folgender Vocal in Zusammensetzungen schwachtonig wurde. Hier wäre noch einmal das
Gegenüber von inlautend *ǩ* und *k* (o. § 8) zu erwähnen,
lȳšpǫχǩait mhd. *lustbæerecheit* gegen *fullkǝd* mhd. *vúlecheit*,
bǫ̈skǝd 'Bosheit' mhd. **bǫ̈sicheit*. Ferner *guǫ̈nǝd* mhd. *gewon-
heit*, *wǫ̈rǝd* mhd. *wârheit*; *lȳǝnǝχt* Leonhard urk. 1299 *Lienhart*,
bēnǝχt Bernhard, urk. neben sonstigem *Winhart* schon 1265
u. ö. *Winartzgazzen*; die Dorfnamen auf -heim: *ärlǝsǝ* Arlesheim urk. (bei Trouillat) *Arlesheim*, *blǫ̈tsǝ* Blotzheim urk.
1146 (ebd.) *Bladoltzheim*, *hēgǝnǝ* Hügenheim urk. 1294
Hegenhein, u. a.; die Adv. mit *hin hēr* als zweitem Bestandteil (vgl. o. § 75): *abǝ*, *ānǝ*, *dȳrǝ*, *fȳrǝ*, *hinnǝdǝrǝ*, *jbǝrǝ*, *īnǝ*,
yffǝ (urk. 1289 *vffen*), *ymmǝ*, *ynndǝrǝ*, *ūsǝ*.

In *hǫ̈rǵiǩ* 'verwirrtes, struppiges Haar; Mensch mit einem
solchen' neben dem gleichbedeutenden einfachen *hǵiǩ* (mhd.

hiuuel) wird das *h* durch Dissimilation gegen das *h* des
ersten Gliedes verstummt sein (vgl. *L horheäjel*).

Als abweichend von der Schriftsprache ist hier noch
zu erwähnen das bekannte alemanische *uʯɔśtɔ* 'Husten' welches
(nach Möller Beitr. 7, 483) mit angels. *hwôsta* auf eine
Form mit idg. *a* zurückgeht: vor diesem hielt sich *w*, musste
also *h* fallen wie in ahd. *hwer hwîz*, während die Form mit
der Ablautstufe idg. *ō* den umgekehrten Weg einschlug.

§ 78. Die Fälle von sekundärem *h*-Anlaut, welche
Bst. aufweist, erklären sich ungezwungen aus Anlehnungen
an lautlich verwandte Wörter, die zugleich begrifflich nahe
standen oder zu stehen schienen; sodass die Annahme einer
lautmechanischen *h*-Prothese fern bleiben kann. Ausser *haiśśɔ*
'heischen' fallen hieher: *haidᵢksɔ* 'Eidechse' mhd. *egedëchse*,
da Bld. nach Seiler S. 157 *heudäxli* spricht, hat vermutlich
hai 'Heu' vorgeschwebt (vgl. Id. I 94); *hᵢllffɔbai* neben *ellffɔbai*
'Elfenbein', die verschiedene Qualität des *e* bestätigt die Angleichung des Fremdwortes an *hᵢllffɔ* mhd. *hëlfen* (gegen
Singer Beitr. 12, S. 212); *hᵢtslɔ* 'Elster, Häher' (vgl. Id. I
625) wird sein *h* der Vermischung von mhd. *atzel* und *hëher*
verdanken.

Dagegen ist es fraglich, ob nicht dem obengenannten
hᵢil mhd. *hiuuel* ahd. *hiuuela* mit nhd. *heulen*, ahd. *hûwo*
hûfo, schwäbischem *hɔukɔ* (Kauffmann, Beitr. 12, 522) ursprüngliches *h* zukommt. Man könnte an eine Wurzel *kuk*
'schreien, klagen', welche Fick vgl. Wb.[2] S. 44 für lat. *cu-*
cubare 'wie eine Eule schreien'. griech. (bei Hesych) *κικκάβη*
κίκυβος 'Nachteule' aufstellt, anknüpfen. Wenn dazu die Ablautstufe *kᵤekᵤ* bestand, könnte auch schweizerisch *wiggle*
'Eule' (St. II 450, Id. I 614 f.) mit Suffix *ja*- (vor welchem
ȝw die labiale Affektion verlor) und *lōn*- (vgl. etwa got. *ma-*
wilōn-), das *gg* westgerm. Geminata, zu der Sippe gehören.
Das vielfache Durcheinandergehen von Formen mit und ohne
h-Anlaut beruht gewiss auf der Vermischung zweier ganz
verschiedener Wortfamilien.

Der Konj. *haig* 'habeam' (neben *hᵢb*; auch bei Spreng
beide Formen) ist von ahd. *eigan* getrennt zu halten: er er-

klärt sich aus einem vorauszusetzenden *hebeie* (Weinhold al.
Gr. S. 386, Paul mhd. Gr. § 181 Anm. 1).

§ 79. Während germ. *h* in Bst. durchweg im Anlaut
der schwachtonigen Silbe verstummt ist, ist bei χ = westgerm. *k* der Schwund nur bei Schwachtonigkeit des voraufgehenden Vocals eingetreten. Das älteste Beispiel ist Notkers
wélêr, wélêz etc. aus *welihhêr, -ez*, (vgl. Braune ahd. Gr.
§ 292) bst. *wẹ̈́la, wẹ̈́las*.[1] Es ist zu beachten, dass hier das
intervocale *ch* eine andere Behandlung erfuhr als in weit
späterer Zeit das *ch* in den Endungen -*lich* und -*ich* (s.
o. § 59): in diesen wandelte es sich bei folgendem Vocal
zum Verschlusslaut, nur im Auslaut und bei folgendem Consonanten verstummte es. Während beim Adj. und Adv. die
Formen mit *g* und ohne *g* nebeneinander stehen, ist beim
Subst. Einheit hergestellt worden (s. o.); die Form mit Ausfall des Cons. herrscht in *tsīrį* 'Zürich'.

Anmerkung. Hieher noch *mụ̈́nį* 'Zuchtstier, Bullen', wenn man
wagen darf, es von *munich* 'Mönch' abzuleiten, was begrifflich weniger
Schwierigkeit macht als formell. Von den bei Stalder II 220 angegebenen Bedeutungen, scheint doch wohl die obige die ursprüngliche
zu sein. Von dem Begriff 'Mönch, Verschnittener' zu dem gegenteiligen
führt die Entwicklung auch in *Hengst* (Kluge et. Wb. s. v.), dessen
ältere Bedeutung *equus castratus* war: vgl. ferner bei Stalder II 399
Stier 'verschnittenes, männliches Kalb', während Bld. das Wort auch
für 'Zuchtstier, Farre' braucht (Seiler S. 278). Lautlich verursacht das
Fehlen des *i*-Umlauts Bedenken. Aber liesse sich nicht die alte Doppelheit annehmen: *munich — munkes* woraus dann ein *mụ̈́nich mụ̈́nches*
und ein *munich munches* sich bildete. In dem letztern Paradigma hätte
sich die unflektierte Form frühzeitig isoliert und, wie schweiz. *tsīrį*
Zürich, ihr *ch* verloren, so dass nun z. T. in einer Mundart z. B. in *L*
mụ̈́nch und *mụ̈́nį*, in Bst. *mįnnχ* und *mụ̈́nį* gleichzeitig bestehen. Eine
Erklärung, die gerne einer bessern weicht!

Wörter, welche nur bei schwachbetonter Stellung im
Satze das χ einbüssen konnten, die so entstandene Form

---

[1] Auch bei dem häufigen Ausfall des *ch* = germ. *k* in den Gruppen
lch, rch, wie er sich in schweizerischen Man. findet (Bachmann S. 16),
war vielleicht Schwachtonigkeit im Spiele, indem sich ein sekundärer
Vocal entwickelte, welcher *ch* von dem starktonigen Vocal entfernte,
z. B. *mẹlχa* > *mẹlaχa* > *mẹlaha* > *mẹlha* > *mẹla*. In den Satzdoppelformen
ohne Entwicklung des Zwischenvocals blieb *ch* erhalten. Daher das
heutige Nebeneinander von Formen mit und ohne Ausfall.

aber auf den emphatischen Gebrauch ausdehnten, sind aus Bst.: *ęu* 'auch' mhd. *ouch; nǭ* 'noch' mhd. *noch*, vor Vocal bisweilen die volle Form, z. B. *nǫχǫmǭl* 'noch einmal' neben häufigerem *nǭnǝmǭl; glī̆* adv. 'sogleich' mhd. *geliche*, auch hier vor folgendem Vocal mitunter die volle Form *glī̆χ;* schwachtonig *mi̊ di̊, si̊* neben *si̊χ* mhd. *mich dich sich, fī̆χsi̊* 'vorwärts' mhd. *vürsich, hi̊nndǝχtsi̊* 'rückwärts' mhd. *hinder sich, ṳnndǝrǫpsi̊* (Hauptton auf *ǫ*) Adv. 'das Unterste zu oberst, in Unordnung' aus (*daʒ*) *under ob sich*, emphatisch *mī̆ di̊*, aber stets *si̊χ* (die Nähe von *si̊* 'eam' stand hier dem Aufkommen der andern Doppelform entgegen); für starktoniges 'ich' gehen *ī̆χ* und *ī̆*, für schwachtoniges *i̊* in der Proklise, *i̊* in der Enklise, z. B. *i̊ ha* 'ich habe' — *han i̊* 'habe ich', das letztere die lautliche Fortsetzung von altem schwachtonigem *ĭch*, das erstere Anlehnung an die emphatische Form mit ihrem geschlossenen *i̊* (über dieses vgl. o. § 52).

Der Fall, dass die schwachtonige Form das *χ* wieder von der stärker betonten angenommen hat, liegt vor in unserm *i̊χ* 'euch' mhd. *iuch* (emphatisch *ę̄i̊χ*), wofür Spreng *i̊* kennt. Wir haben das *i̊* vielleicht noch in der Formel *pi̊ǝti̊gǫt* 'behüt euch Gott' Abschiedsgruss (vgl. Winteler K. M. S. 227), doch wird es hier als *di̊* 'dich' gefühlt.

§ 80. Auch *χ* in der Verbindung germ. *ht* ist unter dem Einfluss von Schwachtonigkeit verstummt in *ammpt* 'Amt' noch R. q. 1430 *ambacht;* mit Verallgemeinerung über die starktonige Form in *ni̊t* 'nicht' R. q. seit dem 14. Jahrh. *nit* (neben *nüt*), in den Urk. des 13. Jahrh. *niht; ni̊t* 'Nichts' (= gemeinschweizerisch *nüt*) bei P. G. *nüt: zyt, lit*, verhochdeutscht *neüt*, altes *niuwet* fordernd (vgl. Weinhold al. Gr. S. 299); daneben im 16. Jahrh. häufig, in den frühern Dkm. allgemein *nützit* (auch *nichzit*) aus *niuwetes niht* (*nihtes nicht*) wie *ützit* 'aliquid' aus *inwetesiht*. Dagegen ist in *nǭni̊g* 'noch nicht' das *ht* auffallenderweise behandelt wie das *ch* in den Suffixen *-lich* und *-ich;* denn auf das alte *nih* zurückzugehen, verbietet schon das erste Kompositionsglied *nǭ:* erst nach Entwicklung dieser jungen Form hat sich die Zusammensetzung bilden können.

Die Ableitungssilbe -lẹχt mhd. -lĕht, -loht, wie z. B. in rọ̈tlẹχt 'rötlich' mhd. rœtelecht, r̥ulẹχt 'halb roh' zu mhd. rou, Spreng bitzelächt 'unsäuerlich' (vgl. D. Wb. 11 58), behält stets einen starken Nebenton und erleidet darum die Schwächung nicht.

§ 81. Kombinatorischer Wandel des ch wurde nur durch folgende s, š-Laute bewirkt: vor diesen ging ch in k über. Dabei sind zwei Fälle zu unterscheiden. Erstens die seit urgermanischer Zeit bestehende Gruppe hs: z. B. sₑks '6' mhd. sĕhs, laks 'Lachs' mhd. lahs u. s. f. Zweitens die durch späte Synkope zusammentretende Gruppe ch-s, š: nₑ̆kšt 'nächste' mhd. nœhste, hekšt 'höchste' mhd. hoehste (sehr häufig hört man auch nẹ̆χšt, hẹ̆χšt; doch ist dies gewiss Angleichung an den Komparativ nẹχₒr, hẹχₒr); dem ahd. echert mhd. ĕht stehen in Bst. folgende Bildungen gegenüber, alle mit der Bedeutung 'wohl, etwa' in Fragesätzen: ẹχt, ẹχtₒχt (so bei Spreng echtert), ẹχtš ₑχtšt, ₑkšt: in der letzten Form muss sich das kš wiederum aus chš ergeben haben. Hieher auch noch rₑ̆ksₒ Dorfname Rixheim im Elsass urk. 1194 (bei Trouillat) Richensheim.

Hinsichtlich des ersten Falles gehen alle angrenzenden Maa., auch das untere Bld. (Seiler S. 49) mit Bst. zusammen, während der grösste Teil des Schweizergebietes, wie es scheint, chs erhalten hat. Dagegen wird nekšt hekšt (resp. nökšt hökšt) speziell auf dem rechten Rheinufer, in Klein-Hüningen und im Markgrafenland, gesprochen, während das Elsass hier noch ch zeigt.

§ 82. In manchen Schweizermundarten wirkt ch + Cons. auf vorausgehende i- und u-Laute diphthongierend ein (vgl. Winteler S. 127, Hunziker S. LVII, Seiler S. 177, Stickelberger S. 51.). Unserer Mundart scheint dieser Vorgang nicht eigen zu sein. Zwar hört man heute öfters dₑ̯ọkslₒ 'Deichsel' mhd. dihsel (daneben daikslₒ, welches wohl nur als Anleihe aus der Schriftsprache zu deuten ist, aber durch sein ai statt ₑ̯i auffällt), seltener fₑ̯ₒχt neben gewöhnlichem fī̯χt 'feucht' mhd. viuhte, jₑ̯uχₒχt neben gewöhnlichem juχₒχt 'Jauchart' mhd. júchart. Allein Spreng bemerkt zu seinem Diechsel Deichsel, giecht Gicht, liecht leicht ausdrücklich 'Landwort' (während er bei *fiecht* feucht dies nicht anmerkt). Auf dieses Zeugnis hin ist es mir wahrscheinlich, dass die undiphthongierten Formen von heute nicht etwa Lehnwörter aus dem Schriftdeutschen sind, sondern die ächt baselstädtische Lautform repräsentieren.

In Bst. *wiənaχt* mhd. *wîhennaht, lîspiəl* Name eines Hofes vor Basel urk. 1250 *Lusebuhel* entstand der Diphthong, indem nach Schwund des *h î-e*, *ü-e* zusammentraten. In *bəiļ < bîhel* trat eine andere Entwicklung ein, weil *h* hier weit später verstummt ist, zu einer Zeit, da das Gesetz von der Diphthongierung des antevocalischen *î* wirksam war.

Anmerkung. Anders verhält es sich mit den Formen *ksj ksjə̈ï ksjt, ksjt* altem *gesihe gesihest gesihet, geschihet* gegenüber. Letztere haben bei ungestörter Entwicklung im Aleman. schon in älterer Zeit ein *gesich gesichst gesicht, geschicht* ergeben. Nun schuf man aber wieder Neubildungen mit Entlehnung des *h* aus dem plur., dem Inf., part. prt., und aus diesen sekundären *gesihe gesihet* etc. entstanden bei Verstummen des *h* die Formen mit Diphthong *ie < i + e* (durch den Reim gesicherte Beispiele bei Weinhold al. Gr. S. 61). Unsere monophthongischen *ksj, ksjt* endlich sind junge Neuschöpfungen nach dem plur. *ksjnd*, dem Inf. und part. prt. *ksə*, wie man zu *nemmə nẹ* 'nehmen' ein *nimm nimmt* 'nehme, nimmt' hatte; denn als lautliche Fortsetzung von *gesihe gesihet* hätte bei noch so spätem *h*-Ausfall immer wieder diphthongisches *ksjə ksjət* entstehen müssen. Die Annahme bestätigt sich durch die in Bst. nicht ganz seltenen Formen *ksẹ̈ï ksẹ̈t kẹ̈t* (in andern Mnn. sind sie die Regel, vgl. Hunziker S. 114 f.): ihr höchst auffallender Vocal begreift sich, wenn man sie in Abhängigkeit von den Formen mit *ẹ*, dem plur. etc., entstanden denkt.

r.

§ 83. Der Laut, welcher in Bst. den *r*-Laut etymologisch vertritt, lässt sich schwer mit allgemein zutreffender Genauigkeit phonetisch bestimmen. Mehr als bei irgend einem anderen Laute spielt hier die individuelle Fähigkeit und Gewohnheit sowie die augenblickliche Verfassung der Organe mit.

r als stimmhafter Zitterlaut ist in Bst. vereinzelte Erscheinung. Das Zungenspitzen-*r* ist den meisten Baselstädtern gar nicht oder erst nach längerer Übung sprechbar. Dagegen wird der Zitterlaut des Zäpfchens mit Leichtigkeit artikuliert. Im Sprechen tritt er oft unwillkürlich da ein, wo die Worte, etwa im Affekt, mit Schärfe und Bestimmtheit vorgebracht werden. Doch auch dann nicht an allen Wortstellen: unter keinen Umständen wird *rd rg* von *rt rk* unterschieden, was doch der Fall sein müsste, wenn *r* hier als stimmhafter Zitterlaut gesprochen würde (vgl. o. § 30).

Das durchaus vorherrschende einheimische *r* ist stimmloser velarer Reibelaut ohne jede Mitwirkung des Zäpfchens. Diese Aussprache ist es, welche vom Baselstädter selbst und vom Landschäftler, der sein stimmhaftes Zungen-*r* rollt, als die für das ganze Idiom überaus charakteristische empfunden und spottweise mit *rę̄rə* 'rären' benamst wird. Eine ganze Reihe von sprachlichen Erscheinungen sind direct durch diese Aussprache des *r* bedingt: s. o. § 10, § 30 f., § 46, u § 88, § 91, § 107.

Anmerkung. *rę̄rə* ist wegen des offenen *ę̄* nicht mit mhd. *rēren* blöcken, brüllen' zu identifizieren, sondern ist = *L rę̄re* und steht zu jenem im Ablaut.

Spreng hat: *rāren* 'schreien, kreischen, mit roher und knarrender Stimme reden'; *rāren* sagt man auch von denen, welche den Buchstaben *r* nicht ungeschnarret aussprechen können. — Zweifellos versteht er unter diesem 'nicht ungeschnarret' die bewusste heute herrschende Aussprache; obwohl im Grunde die Bezeichnung 'schnarren' weit eher einem uvularen Rollen als unserer velaren Lenis zukäme.

§ 84. Sehr häufig wird das heimische velare *r* zum reduzierten Laute ohne hörbares Reibegeräusch (also *χ* bei Sievers, Phon. S. 170). Dies kann eintreten zumeist im Wortanlaut und zwischen zwei Vocalen oder zwischen Vocal und folgendem Sonorconsonanten, auch in den wortanlautenden Verbindungen *pχ tχ kχ*, *fχ šχ*, deren erster Bestandteil gleichzeitig zur reinen Lenis herabsinkt [1]; niemals jedoch im freien Auslaut oder vor stimmlosen Consonanten.

[1] Auf diese lautlichen Schwankungen sei hier ein für allemal hingewiesen: in der Schrift lässt sich ihnen nicht fortwährend Rechnung tragen, ich habe mich für die einheitliche Transskription *r* bei stimmhafter, *χ* bei stimmloser Nachbarschaft entschieden. Obiges ziehe man in Betracht, wenn es auffällt, dass für *gr* in Bst. das gleiche Zeichen erscheint wie für die gutturale Affricata des Hochalemanischen. Diese beiden Lautgebilde sind, sobald dort *r* reduziert wird und, dadurch bedingt, *g* die Energie der reinen Lenis hat, durchaus von einander verschieden. Aber oft genug kann man das *gr* mit unreduziertem *r*-Laute sprechen hören, sodass die Übereinstimmung mit dem hochaleman *kχ* nicht zu verkennen ist.

§ 85. Wenn *r* in Bst. nirgends als silbebildend erscheint, so ist dies nicht erst durch den Verlust seines Stimmtons herbeigeführt worden. Denn auch in den Schweizermundarten mit stimmhaftem *r* pflegt sich der reduzierte Vocal vor *r* zu halten (siehe bes. Winteler S. 117). Wie in diesen so bleibt auch in Bst. jener reduzierte Vocal fest, wenn dem *r* ein Sonant folgt; z. B. *ųnnsər* — *ųnnsərə, ųnnsəri̥, ųnnsərịʮ* (mhd. *unser, unsere unseriu unserm*), *špęʮələr* (mhd. *spengler*) — *špęʮələrə* ('als Spengler hantieren'), *tšŭdərə* (zu mhd. *schüdern*) — *tšŭdərig* ('schaurig, schaudernd') u. s. w. *ọpχịꝁait* 'Obrigkeit' verrät sich durch die Absorption der zweiten Silbe von *ober-* als nicht mundartliche Form: sie hat ein älteres *oberkeit* verdrängt, welches z. B. bei Fr. Ryff, Andr. Ryff und in den R. q. des 16. Jahrh. herrscht; in den letzteren schon auch vereinzeltes *obrigkeit*.

§ 86. Wird das *r* zwischen Vocal und Sonorconsonant, z. B. in *arm* 'Arm' *gęrn* 'gern' unreduziert gesprochen, so wird das *m n* silbebildend, wofern es sich nicht an einen folgenden Vocal anlehnen kann. In éinem Falle, dem n. pr. *Karl̥* Karl, ist die zweisilbige Form die allein herrschende geworden für alle Stellungen und bei jeder Aussprache des *r*.

Alter aus *r* vor Consonant entsprungener Svarabhaktivocal ist erhalten in den Localnamen *di̥ Kalltі̥ hēχpχig* 'Kaltenherberg' und *hēχpχikskass* 'Herbergsgasse' (vgl. R. q. noch 1637 *Underschleif und Herberig* als Appellativum).

§ 87. Einstiges *rr* scheint in den aleman. Dialekten durchweg nicht mehr als eigener Laut zu bestehen. Auch in Bst. ist es mit dem einfachen *r* zusammengefallen (Beispiele s. o. § 46). Wenn Frid. Ryff missbräuchliches *rr* in Menge setzt, z. B. *vorrigen werre* ('wäre') *erren* ('Ehren') *jorr* ('Jahr') *zuzuhörren schurren* (mhd. *schiuren*), so beweist dies als 'umgekehrte Schreibung', dass damals schon *rr = r*. Bei FP. finden sich Schreibungen wie *feer* ('fern' mhd. *vērre*), *ihr* ('irre').

Auch beim Antritt des Präfixes *fər-* mhd. *ver-* an folgenden *r*-Anlaut ergiebt sich in Bst. stets einfaches *r*, abweichend von andern Schweizermaa., welche *rr* artikulieren, wenn der *r*-Anlaut des zweiten Kompositionsgliedes im Bewusstsein ist (Winteler S. 29, Stickelberger S. 18). Z. B. *sįχ fərjərə* 'sich rühren, regen' mhd. *verrüeren, fərχmmpflə* 'zerknittern' zu mhd. *rümphen*, *fərekə* 'verrecken' mhd. *verrecken*, *fəręblə* 'verkommen' S. *fərręblə* zu mhd. *rëben* 'sich bewegen, rühren' (vgl. St. II 252).

§ 88. Über *r* vor stimmlosen Consonanten s. o. § 30. Die häufigen Schreibungen *wurtten*, *gefurtlert*, *rerorttnet*, *kilchenziertten* bei Frid. Ryff sind, so überladen seine Orthographie auch ist, kaum anders zu verstehen, als dass schon damals *rd = rt*, *r* also stimmloser Laut war.

Einstiges *rch* wird naturgemäss zur einfachen Fortis *χ*, wobei nur in der Länge des vorausgehenden Vocals das *r* eine Spur hinterlässt; z. B. *šnaχlə* 'schnarchen' mhd. *snarcheln*, *lęχ* Stadtname Lörrach urk. 1295 *Lôrrach*, *tsīχər* 'Zürcher'. Im Gedicht einer Baslerin bei FP. die Schreibung *vechen* 'fürchten' (wie bei Hebel *förche*, im heutigen Bst. die Form mit *t fęχtə*). — Vor stimmlosem Consonanten fallen einstiges *r rr ch rch* in éinem Laut zusammen: *lęχt* (mhd. *lêret*) — *tsēχt* (mhd. *zerret*) — *sīχt* ('seihe' mhd. **sêhte*) — *fęχt* (mhd. *vörhte*).

§ 89. Verstummt ist altes *r* im Silbenauslaut 1) nach (starktonigem) langem Vocal. Zu den Fällen, welche auch die Schriftsprache kennt, kommt noch *hįə* 'am hiesigen Orte' mhd. *hier hie*, *mē* 'mehr' mhd. *mêr mê*. Sämtliche Wörter, welche eine Flexion besitzen, haben die im Silbenanlaut berechtigte Erhaltung des *r* verallgemeinert. — In dem an Präpp. angelehnten *dár*, bst. *dəχfō* 'davon' urk. 1319 *dervon*, *dərmįt* 'damit' urk. 1301 *dôrmitte* (*ôr* für *ŗ*, vgl. Franck, Anz. f. d. A. 11, 106), *dəχtsųə* 'dazu' urk. 1309 *darzû* u. s. w., wurde der Vocal kurz, bevor das Gesetz vom *r*-Ausfall wirkte; und in urk. 1303 *davon*, 1309 *damitte*, 1307 *du zû* sowie in den nhd. Formen liegt secundäre Angleichung an das einfache *dâ*.

Die Zusammensetzungen von *dâ* mit A d v e r b i e n sind jüngern Ursprungs und zeigen daher auch vor Vocal die Form ohne *r*, mit Verstummen des accentlos gewordenen Vocals: *dįnnə* 'drinnen', *dųssə* 'draussen', *dǭbə* 'droben', *dųnndə* 'drunten', *dẽnə* 'drüben' mhd. *da ënent*. Die jüngsten Verbindungen mit *dâ* bst. *dǭ* sind endlich solche wie *dǭ ųssə* 'da draussen', *do ūsə* 'da hinaus' u. s. f., in welchen im Gegensatz zu den frühern die demonstrative Bedeutung noch lebendig ist: ihr häufiger Gebrauch und der einheitliche Satzaccent ($\smile$ ᵢ $\smile$) lassen sie so ziemlich als feste Composita erscheinen.

Anmerkung 1. Die Composita von *hie* $>h$ + Adv., wie z. B. dial. *hunten haussen* etc., sind der Ma. nicht geläufig. Spreng kennt noch *hänen* 'diesseits' *Hänemer* 'Kleinbasler' (d. h. vom kleinbaslerischen Standpunkt aus betrachtet); vgl. Id. I 268.

2) Nach schwachtonigem Vocal (*ə*): in der grössern Zahl der Fälle, besonders im Comparativ und in der Substantivendung *-er*, hat auch hier bei der Ausgleichung die Form mit *-r* das Feld behauptet. Durchgedrungen ist die Form ohne *-r*: im Nom. sing. masc. des starken Adj. *ə glainə* 'ein kleiner' u. s. f.; diess ein wichtiger Unterschied gegen nördlichere niederalem. Maa., die hier *-r* sprechen (Herrmann S. 19, Mankel S. 44); *sellə* 'jener' $<$ *sëlber*, aber in der Bed. 'selbst' heisst es *səllbər*; in dem isolierten *būχkəmaištər* mhd. *burgermeister*; *nimmə* 'nicht mehr' mhd. *nimmêre* $<$ *nit mêre*; *nummə* 'nur' mhd. *numme* (Lex. s. v. *niuwan*), wenn aus *niuwan mêr* entstanden; *ęgəχštə* 'Elster' mhd. *agelster* hat auch die cas. obl. der *r*-losen Form angepasst; nach dem schwachtonigen *dę* 'dieser' mhd. *dër* spricht man auch emphatisch *dę*.

Eine andre Beurteilung verlangt *dǫnnštįg* 'Donnerstag' mhd. *donerstac*: die urk. Formen *donrstag* 1292, 1327 u. ö., *dornstag* 1297, 1413, 1517 u. ö. deuten auf Absorption des Mittelvocals, worauf die Zungenspitze entweder schon während der *n*-Artikulation zu vibrieren anfieng (*rn* für nasaliertes *r*) oder aber über die mittlere der drei aufeinanderfolgenden Artikulationen hinwegglitt. Bei Frid. Ryff herrscht die Form *donstag*.

Vor ausl. *t* ist *r* im Schwachton verstummt in den Familiennamen *būχkəd* urk. *burchart*, *fūχkəd* 'Forkart' (von ihrem Stammsitze Furkars im Herzogtum Jülich, woher sie 1637 nach Basel einwanderten, s. Lutz Bürgerbuch S. 119). Dagegen hat sich eine stärker betonte Form mit Erhaltung

des *r* bewahrt in *ḷⱥnⱥχt* urk. *Lienhart*, *ūfⱥχt* 'Himmelfahrt'
urk. *vfart*, *bammⱥχt* 'Flurschütz' mhd. *banwart*.

Anmerkung 2. Das Verstummen von *r* in starktoniger Silbe vor
folgendem Consonanten, meist Verschlusslaut, wie es manche Schweizermaa. aufweisen (KM. S. 81, Hunziker S. CV), und wie es im obern
Bld. in weitem Umfange heimisch ist (Seiler S. 231: *Mon de Moogge,
mup, döt, Äänst, chuuz, abewoogge, Chop*), kennt Bst. im Allgemeinen
nicht. Nur allenfalls *gwaⱥⱼǝr* (Hauptton auf 2. Silbe) 'Quartier' hört
sich zuweilen und wird auch von Spreng verzeichnet.

§ 90. Dissimilation des *r* zu *l* unter Einfluss eines benachbarten *r* zeigt Bst. in *ēχkⱥ* 'Erker' mhd. *erker*, *mēχsⱥ*
'Mörser' mhd. *mörser*, *sⱥrammpflⱥ* 'Sauerampfer' mhd. *sūr-
ampfer*. Bei *K̇ȷfⱥ* 'Kiefer', *tsⱥnndⱥ* 'Zunder' bestehen schon
in alter Zeit die Formen mit -*el* neben denen mit -*er*.

Für 'Kirche' spricht Bst. heute *K̇ȷχǝ*; aber *K̇ȷllbⱥ* 'Kirchweih, Kirmes' R.q. 1387 *nach der kalten kilwin*, dazu *K̇ȷllbig*
'überbunt, schreiend in den Farben' (vgl. St. II 99 *Bauern-
kilbi* 'eine Macherei, die wenig oder gar keinen ästhetischen
Geschmack verrät, z. B. von Schnitzwerk, das mit Schnörkeleyen
überladen ist'). Bei Frid. Ryff herrscht *kilche*, während bei
P. G. und Andr. Ryff *kirche* überwiegt. Da im Sundgau
fast durchweg *kirche* gesprochen wird (s. Herrmann S. 14),
ist es fraglich, ob unser *K̇ȷχǝ* als Eindringling aus der Büchersprache zu gelten hat. Vielleicht ist es eine alte Doppelheit,
die sich kaum lautlich, eher als Entlehnung aus den zwei
angrenzenden Sprachgebieten begreifen lässt: dann hätten
wir hier einen vereinzelten Fall von wirklicher Sprach-
mischung.

§ 91. Die Einwirkung des *r* auf vorausgehende Vocale
ist eine doppelte. Über die D e h n u n g s. o. § 46. Ferner
erscheinen lang *e* (= mhd. *e ê ö œ*) und lang *o* (-= mhd.
o ô â) vor *r* in offnerer Qualität als in jeder andern
Lautumgebung. Im Allgemeinen steht in Bst. der Kürze
e ǫ die Länge *ẹ ọ* gegenüber: die Länge *ȇ ǭ* findet sich
bloss vor *r*. Beispiele: *hⱥbⱥ* 'halten' mhd. *heben*, *glẹ* 'Klee'
mhd. *klê*, *gnẹdlⱥ* 'Knöchel' zu mhd. *knödel*, *štẹssⱥ* 'Stösser,
pila' mhd. *stœzel* gegen *bȇrⱥ* n. 'Beere' mhd. *ber*, *lȇrǝ* 'lehren,
lernen' mhd. *lêren*. *fȇχtⱥ* 'fürchten' mhd. *vörhten*, *K̇ȇrǝ* 'hören,

gehören' mhd. *geharen*; *lọsɔ* 'hören, horchen' mhd. *losen*. *šǭ* 'schon' mhd. *schôn*, *ǭbɔ* 'Abend' mhd. *âbent* gegen *štǫχtsɔ* 'Wurzelstrunk' zu mhd. *stürzel*, *ǭr* 'Ohr' mhd. *ôr*, *hǭr* 'Haar' mhd. *hâr*.

Dieser Einfluss des *r* ist in Bst. lebendiges Lautgesetz, indem auch beim Sprechen des Schriftdeutschen oder fremder Sprachen den *e, o, ö* Lauten vor *r* unwillkürlich die offnere Qualität gegeben wird. Da den andern aleman. Dialekten, welche Zungen-*r* sprechen, diese Erscheinung meines Wissens fremd ist, muss sie von der eigentümlichen Gutturalnatur unseres *r* bedingt sein. Vor der Fortis *χ* tritt die besagte Erscheinung nicht ein.

ŋ.

§ 92. Der gutturale Nasal *ŋ* kommt in Bst. als Fortis nach kurzem, als Lenis nach langem Vocal vor. Er entspricht einerseits altem *ŋ*, welcher Laut in der frühern Sprache nur vor *k, g* vorkam und mit *n* bezeichnet wurde; das folgende *g* ist in Bst. dem Nasal assimiliert worden.

Beispiele: *aŋkɔ* m. 'Butter' mhd. *anke*, *rìŋɔklɔ* 'Einen zurecht nehmen, zähmen, gleichs. an die Kette legen' (vgl. St. II 278) zu mhd. *rinkel rinke* 'Spange, Schnalle', *šuŋɔkɔ* 'Schinken' im Ablaut zu mhd. *schinke* (vgl. Kluge et. Wb. s. v.); *mvŋɔi* 'Menge' mhd. *menge*, *špeŋɔlɔr* 'Flaschner' mhd. *spengler*, *ɔ rъŋɔ* 'eine gute Weile, eine Zeit lang' zu mhd. *ringen* 'ringen, sich winden' (die Übergangsstufen der Bedeutung bei Stalder II 291). *tšìŋɔkɔ* 'krumm auftretend gehn' (St. I 319); *šlìŋɔɔ* Dorfname Schliengen, urk. 1202 *de Sliengin*, *gìŋ* 'gienge' mhd. *gienge*, *fìŋ* 'fienge' mhd. *vienge*, *hìŋ* 'hiengo' mhd. *hienge* (vgl. u. § 95).

Andrerseits entspricht unser *ŋ* — es sind lauter Fälle mit Fortis — einstigem *n*, welches nach Verstummen eines folgenden Vocals vor einen Guttural getreten ist: *mvŋɔy mvŋɔgɔ mvŋɔks* 'manch mancher manches' mhd. *menec meneger*, *Ŗıŋɔglì* 'Kaninchen' mhd. *küniclin* lat. *cuniculus*; *mìŋɔχɔštai* Dorfname Mönchenstein Frid. Ryff *Munchenstein* zu mhd. *münech* mlat. *monacus*; das einfache Wort 'Mönch' ist in der Ma. nur noch halb heimisch, und so schwankt das

Sprachgefühl zwischen der Aussprache *mĭʒʋʋχ* und *mĭʋnχ*.
(Hieher noch bei Frid. Ryff, P. G. *küng* neben *künig* 'König',
die beiden Formen auch in L, in Bst. heute nur noch *Kĭnĭg*).

Auch im Satzsandhi erwachsen auf diese Weise neue
ʋ, ʋʋ. Hier ist auch für Bst. die einzige Möglichkeit zur
Entstehung des silbebildenden *ʋ* gegeben, indem nämlich *y*,
schwachtoniges 'ihn', mit wortanlautendem *g k K* zusammen-
trifft, z. B. *heššʋʋksʋ* 'hast du ihn gesehn?'

§ 93. In schwachtoniger Silbe ist *ʋ* verstummt, bevor
es sich das folgende *g* assimiliert hatte:
hęllsĭg 'Strick, Seil' mhd. *helsinc*, *Kĭslĭg* 'Kiesel' mhd.
kiselinc, *waidlĭg* 'kl. Boot, Nachen' mhd. *weidelinc*; in den
Ortsnamen auf *-ingen*: *bĭnnĭgʋ* Binningen urk. 1004 (bei
Trouillat) *Binningen*, *halltĭgʋ* Haltingen urk. 1139 *Haltinchen*,
hęsĭgʋ Häsingen urk. 835 *Hassinga*; *ǫrnĭg* 'Ordnung' mhd.
ordenunge, *gattĭg* 'Art und Weise, Manier' bei Frid. Ryff:
Er prediget aber wyder uff sin alte Gattung, *psetsĭg* 'Strassen-
pflaster' mhd. *besetzunge*, *rŭštĭg* 'Geniste, altes Möbel' s. bei
Lex. *rüstung* und *rust*. In diesen letzten Fällen hat sich der
Vocal nach dem des Suffixes *-(l)ing* umgeformt: Frid. Ryff
kennt noch die lautgesetzlichen Formen *hornug*, *meynug*,
ortnug neben denen auf *-ig* und auf *-ung*.

Ein älterer Übertritt zu dem lebenskräftigern Suffix
-ing zeigt sich in dem Wort für 'tausend' urk. 1289 *tuseng*,
1293 *duseng*, 1295 *tusing* neben gleichzeitigem *tusint*, *dusent*.[1]
Bst. spricht auffallenderweise *dẹusĭg*: eine Verquickung der
aus der Gemeinsprache entlehnten diphthongierten Form mit
der mundartlichen Endung.

j.

§ 94. Das *j* von Bst. hat die gleiche Artikulationsstellung wie *i* und unterscheidet sich von diesem nur durch

---

[1] Der Anlaut schwankt, ausser etwa in Eigennamen, nur in
diesem Worte zwischen *d* und *t*. Das *t* wurde, abgesehen von den
sonstigen Sandhieinflüssen (vgl. o. § 7 Anm.), besonders durch Verbindungen wie *fünftüsent*, *sęhstüsent*, *ahttüsent* veranlasst, deren neutrales
t sich ebensowohl auf Fortis *t* wie auf Lenis *d* deuten liess.

die nicht sonantische Funktion. Vor *u o a e* - Vocalen entspricht *j* physiologisch dem offenen *i*, während bei *j* vor *i̯ i̯* der Zungenrücken dem Gaumen näher, *j* = nichtsilbigem geschlossenem *i* ist. Für *j* vor geschlossenem *i̯* giebt es meines Wissens in Bst. kein Beispiel. Doch lässt sich soviel sagen, dass bei der Aussprache von *ji* dem *j* sich, der verschmälerten Enge wegen, meist ein sanftes Reibegeräusch beigesellen würde.

Anlautend *j* entspricht in Erbwörtern a) ursprünglichem *j*; z. B. *jašt* f. 'Erhitzung, Hitze (nur vom Menschen)' zu *jēsǝ* 'gühren' mhd. *jësen, jǝtǝ* 'güten' mhd. *jëten; jǝmǝrǝ* 'jammern' mhd. *jâmern; jaiχǝ* tr. 'verjagen, hinauswerfen' mhd. *jöuchen; jimmpfǝrli̯* 'Jüngferchen' mhd. *juncvröuwelin*; b) dem einstigen ersten Bestandteil des Diphthongen *ie*; dies nur in *jets jetsǝ* 'jetzt' mhd. *iezuo, ǝi̯ēdǝ* 'jeder' mhd. *ieder iewëder*.

In Fremdwörtern vertritt *j* zumeist rom. *dž* (= lat. *j* oder *g*); z. B. *jēχk* Georg als Kalenderheiliger; *jǝmmpf* Genf frz. *Genève*: diese altertümliche Wortform (*Jenff* bei Andr. Ryff) wird allmählich durch die neuere *gǝmmf* ganz verdrängt; *juštǝmǝnt* (Hauptton bald auf 1. bald auf 3. Silbe) frz. *justement; jips* 'Gips' frz. *gypse*. — *tsǝdjōdǝrǝ* 'zu St. Theodor' ist wohl die lautliche Fortsetzung von *ze sant Theódoren* (vgl. o. § 6), das *j* also direkt aus dem accentlosen *e*, nicht aus *tj > dž* erwachsen; aus jener Verbindung hat man früh ein *Joder* abstrahiert (urk. 1302 *ze sant Joder*), daher Ortsnamen wie *Joderhorn*, eine Bergspitze ob dem Saastal im Wallis.

In *sǎnntjihanns* (Hauptton auf *ha*) 'St. Johann', ein Quartier von Bst., ist *j* mit dem folgenden schwachtonigen Vocal zu *i̯* verschmolzen.

§ 95. Im Inlaut ist *j* beschränkter als in den meisten Schweizermundarten. Bei *ai* und *ǝi* vor folgendem Sonanten, z. B. *naiǝ* 'nähen' mhd. *næjen, bǝi̯l* 'Beil' mhd. *bihel*, tritt, soviel ich beobachte, kein merkbares *j* hervor: die Silbentrennung ist *nai-ǝ, bǝi-l̯* (vgl. Sievers Phon. S. 146). Auch zwischen *i̯* und folgenden Vocal, z. B. in *nǝ dǝ tχi̯ǝ* 'nach 3 Uhr' *nâch den drien*, tritt kein consonantisches *i* ein. Nur in der Gruppe i + Sonant, mhd. $\bar{u}ej$ fortsetzend, kommt inlautendes j vor; z. B. $p\chi iəjə$ 'Brühe' mhd. *brüeje*, $f\chi iəjər$ (neben $f\chi iənər$) 'früher' mhd. *vrüejer*. Die nicht seltene Aussprache $p\chi iə-ə$, $f\chi iə-ər$ ist der Beeinflussung durch das Schriftbild verdächtig. Doch scheint mir das j auch dort nicht mit der Deutlichkeit gesprochen zu werden, wie ich es von andern Schweizerdialekten gehört habe.

In früherer Zeit muss intervocales j in weiterm Umfang und mit stärkerer Articulation vorhanden gewesen sein. Daher hat es zum Verschlusslaut g übergehen können im Conj. prs. $s\bar{\imath}g$ $sik\check{s}$ $s\bar{\imath}gə$ mhd. *sie siest sien*, dazu Imp. $s\bar{\imath}g$ 'sei'; ebenso *haiy haikš haigə* zu *hā* 'haben' (Paul mhd. Gr. § 181); $d iəə$ Conj. zu $d\!\!\!\!\!/ə$ 'tun' geht auf *tüeg* (R. q. 1361 u. ö. *tügən* 3. plur.) < *tüeje* zurück (Weinhold al. Gr. S. 356): nachdem *tüeg* > *diey* in Bst. mit *gieng* vocalgleich geworden war, nahm es dessen Nasal an; das Nebeneinander von *hieg* — *hieng, vieg* — *vieng* konnte dabei mithelfen. [1] Die Schweizermundarten, welche die beiden Diphthonge gesondert halten, kennen darum auch meines Wissens keine Form *tüeng* (s. Winteler S. 164, Hunziker S. 63, Seiler S. 89). Dagegen waren *stân* und *slân* wegen der Vocalgleichheit in manchen Formen schon seit Alters in Abhängigkeit von *gân vân hân* geraten und bildeten nun nach diesen den Conj. *štiəə, šliəə* 'stünde, schlüge'. Hier konnte der Übertritt naturgemäss auch in den *üe*-Dialekten vor sich gehen, daher JM. *šlieg* (Brandstetter S. 294), K. *šliœχ, štiænd* (Winteler S. 163), L *schliey, štiend*.

Anmerkung. Ob in Schreibungen *meiger, figend, frigitage, frigheit, kremerige, frug* ('früh'), wie sie sich im 14.—16. Jahrh. zeigen, das g durchweg $= j$ zu setzen ist, muss nach dem Obigen fraglich sein. Bei dem Übergang von $j > g$ wie bei jedem andern Lautwandel müssen die augenblicklichen Silbentrennungs- und Accentverhältnisse massgebend gewesen sein, und dass der Ma. nur jene angeführten paar Fälle mit g erhalten sind, mag wohl erst das Resultat vielfacher Ausgleichungen sein.

---

[1] Denn der Funktionsunterschied zwischen dem Conj. prs. $d iəə$ und dem Condit. $g iəə$ $f iəə$ $h iəə$ ist doch nicht durchgreifend genug, um das Gefühl des Zusammenhangs der beiden Gruppen zu hindern.

B. Die Linguopalatalen des vordern Gebiets:

t̆ t d, ss s šš š, nn n, ll l.

§ 96. Die Aspirata *t̆*, auf den Anlaut beschränkt, steht in Fremdwörtern, die durch Vermittlung des Nhd. aufgenommen sind (o. § 8), z. B. *t̆assə* 'Tasse', *t̆ẹ* 'Thee', *t̆ẹrassə* (Hauptton auf *ẹ*) 'Terrasse' u. a. — Ausserdem ist *t̆* Verschmelzung des syncopierten Artikels *t* mit folgendem *h*.

Die hauchlose Fortis *t* kommt im freien Anlaut nur als syncopierte Form des bestimmten Artikels vor, besonders bei Verschmelzung desselben mit folgendem *d* (o. S. 29).

Die Lenis *d* im Anlaut ist Vertreter von ahd. *d* und *t*, germ. *þ* und *ð*. Sie steht ferner für das anlautende *t* der Fremdwörter, die nicht der neuern deutschen Schriftsprache entnommen sind (o. § 5 ff.).

§ 97. Alter *d*-Anlaut ist verloren in der Conjunction *as(s)*, 'dass' mhd. *daȝ*. Ferner in gewissen Formen des bestimmten Artikels:

In den Resten des Gen. sing. masc., welche der Sprache erhalten sind in Verbindung mit Personennamen, z. B. *sfiššəxs* 'Vischer's', *s hunnsə* 'die Familie des Hans' u. s. w. Ferner in dem vereinzelten *ums himmļs willə* 'um des Himmels willen!'

Im Nom.-Acc. sing. neutr. *s*, mhd. *daȝ*, und zwar sowohl vor Substantiv wie vor Adjectiv ohne Ausnahme; das unverkürzte *das* wird genau als demonstratives Pronomen 'dieses' unterschieden. Die Schweizermundarten gehen hier auseinander: so lautet die verkürzte Form in *K ts*, und ihr syntaktisches Gebiet ist beschränkter (Winteler S. 187; vgl. Brandstetter S. 296).

Im Dat. sing. fem. nur nach der Präp. *tsıə* 'zu' wie im Nhd. (so auch in K, s. ib.); daneben aber auch, gleichbedeutend, die volle Form: *tsıər (tsər) mıətər* oder *tsıə (tsə) dər mıətər* 'zur Mutter'.

Im Dat. sing. masc.-neutr. mhd. *dem* : bst. *ƞı am ım* (die beiden letzten dieser nebeneinander hergehenden Formen sind Angleichungen an *am = an dem*, *ım = in dem*) sowohl in freier Stellung vor dem Substantiv als auch bei Anlehnung an eine Präp. *bĩm tsıəm (tsıı)*, *am ım ʃom*, *fõrƞı uffƞı əsƞı hınndərƞı*, *nēḻ ommı wēꭓommı* ('wegen des') u. a.; hier überall

herrscht die gekürzte Form ausnahmslos, nicht fakultativ wie
z. T. im Schriftdeutschen.

Im Acc. sing. masc. bei Anlehnung an die Präpp. *an,
in* spricht man beliebig, ohne jede Bedeutungsabstufung,
z. B. *an weiər* oder *an dər weier* 'an den Weiher', *in dūrn*
oder *in dex tūrn* 'in den Turm' (nach allen andern Präpp.
aber stets die unverkürzte Form, z. B. nur *uftər hūbl* 'auf
den Hügel', *gēgə dər nekta* 'gegen den Nacken'): die kürzern
Formen sind die altüberlieferten, schon weil sie die Acc.-
Form *den* voraussetzen, welche seither der Mundart verloren
gegangen ist.

Anmerkung. Früher war auch im Dat. plur. bei Anlehnung an
die Präp. *ze* die gekürzte Form möglich, z. B. urk. *zen vier fronrasten,
zen heiligen.*

Bei dieser Beseitigung des *d* wird schwerlich für jeden
einzelnen Fall die physiologische Ursache anzugeben sein.
Vielfach spielten assimilatorische Einflüsse mit, bei *an d(e)n,
in d(e)n* z. B. die Umgebung der homorganen Nasale, verbunden mit Schwachtonigkeit. Auch die Veranlassung zu
unursprünglicher Worttrennung, welche der Satzsandhi gab,
ist in Betracht zu ziehen: so liess sich z. B. *mitm fatər* 'mit
dem Vater' ebensowohl in *mit m* wie in *mit dm*, und *ər waiss
nitusta gōšš* 'er weiss nicht, dass du gehst' ebensowohl
in *nit as* wie in *nit das* auflösen.

§ 98. Der umgekehrte Fall: dass aus den Satzsandhi-
verbindungen ein unursprünglicher *t*-Anlaut abstrahiert wurde,
liegt vor in *tšūdərə* 'schaudern' mhd. *schûdern, tšup* 'Haarschopf' zu mhd. *schoph* mit andrer Consonantstufe, *tšiənkə*
'krumm gehen' (o. § 92) zu mhd. *schiec* 'schief' *schieken* 'krumm
gehen, schielen' (vgl. Brandstetter S. 280); noch nebeneinander
tšetərə und *šetərə* v. itr. bezeichnet einen lauten, von einem
grellen unharmonischen Nebengeräusch begleiteten Schall,
z. B. einer gesprungenen Trommel oder Geige. — Auch wo
im Anlaut *pf* für *f* sich findet, ist das *p* in erster Linie als
assimiliertes *t* zu betrachten: so stellen unserm *pfletšə* 'plät-
schern, giessen' andere Maa. *fletšə* entgegen (Brandstetter
S. 279); es gehen nebeneinander *pflēgl* und *flēgl* 'Flegel'
mhd. *vlegel* aus *flagellum*; Spreng bemerkt 'Pflegel, grober

Rülpe, wird zu Basel von dem *Flegel* eines Dreschers unterschieden'; *pfçnne* und *fçnne* 'flennen'; bei Spreng *'pfarren-*
wadel, pfarrenschwanz Farrenschwanz, Ochsenfisel, Nerf de
boeuf, dergleichen man zur Züchtigung gebraucht'. (Weitere
Beispiele dieser Art bei Winteler S. 221 f.)

Sozusagen vor unsern Augen vollzieht sich die Verschmelzung eines *t* mit dem Wortanlaut in *tsųĺld* 'schuld an
Etwas', nur prädic. gebraucht: eine Komposition wird hier
kaum mehr gefühlt, obwohl ja *schuld* und *schuldig* daneben
bestehen. Es kann fraglich sein, ob dort in dem *t* der
Artikel oder die Präp. *ze (zuo)* sich birgt (Brandstetter
S. 256).

Endlich noch ein Fall, wo die Herkunft des secundären
Dentals sich nachweisen lässt. Aus *ze sant Alban, zant*
Alban wird lautgesetzlich bst. *tsə dallbə* (s. o. § 6); darnach
spricht man nun auch *in dəχtallbə* 'in der (St.) Alban'
(Quartier- und Strassenname), und ganz ebenso *in dəχtellspçtə*
'in der (St.) Elisabethen', Formen, welche niemals aus *in der*
sant Alban, in der sant Elisabethen hätten entstehen können,
und bei welchen man auch von einem Vorhandensein von
sant nicht die mindeste Empfindung mehr hat.

Anmerkung. Abweichend von den benachbarten Mundarten, von
Bld., Elsass und Wiesental, hat Bsl. das *d* von *du dir dich* n i c h t auf
den Plur. *ir* übertragen: es heisst emphatisch *įr*, schwachtonig *ər* 'ihr'.

§ 99. Im I n l a u t sehen wir *t* und *d* mit *ss* und *ts*
im Wechsel innerhalb der etymologisch zusammengehörigen
Wortfamilien. Die Variierung ist durch dieselben sprachge-
schichtlichen Vorgänge erzeugt worden, welche wir o. § 64
bei den Gutturalen wirksam fanden. Doch bleibt bei den
Dentalen manche alte Zweispaltung bewahrt, die dort in
eines zusammenfiel, und umgekehrt. Den 6 verschiedenen
Dentallauten, welche sich zu Ende der westgermanischen
Periode als Vertreter eines einfachen idg. Dentals herausgebildet hatten, stellt unsere Mundart — und sie steht damit auf gemeinschweizerischem Boden — 4 Laute [1] gegenüber:

----

[1] wobei wiederum die besonderen combinatorischen Einflüsse, mit
Ausnahme der Geminationswirkungen, nicht in Betracht gezogen sind.

þ	d, d	dd	þþ	t	tt
d		t		ss, ts	ts
1.		2.		3.	4.

dd und *þþ* waren durch die hd. Lautverschiebung in *tt* zusammengefallen, und mit diesem vermengte sich im 13. Jahrhundert das einfache *t* < westgerm. *d, d* (o. § 39). Es ist daher, wo nicht deutliche Zeugnisse in alten Sprachperioden vorliegen, kaum zu entscheiden, welchen Laut unser inl. *t* fortsetzt: da die hochalemanischen Dialekte auf der nämlichen Verschiebungsstufe stehen, können sie hier nicht wie bei den Gutturalen Aufklärung geben. Sicher westgerm. *dd* haben wir z. B. in *miti* 'Mitte' mhd. *mitte*, westgerm. *þþ* in *šmiti* 'Schmiede' mhd. *smitte* (vgl. Paul Beitr. 7, 134 f.). Dagegen auf einfaches *d*, im grammat. Wechsel zu *þ*, geht zurück das *t* in *syt* f. 'Aufregung',[1] eigtl. 'Siedhitze' mhd. *sut*; dazu als das 'Wallende, Brodelnde' mhd. *sute* 'Lache', wovon abgeleitet bst. *jnosytərə* 'einsinken, in Sumpf, Kot, Schnee' auch übtr. 'hereinfallen'; bei Spreng *sutteren* 'vor Unmut und Zorne zwischen den Zähnen murmeln und brummen, wie ein Kessel im Sode'.

Westgerm. *t* erscheint nach Voc. als *ss*, nach Cons. als *ts*. Der Gegensatz von bst. *hīχts* 'Hirsch' gegen die nhd. Form = mhd. *hirz* ist derselbe wie bei *storc : storch, kalc : kalch*. Das Ursprüngliche war *hiruz — hirzes* (anders Kögel, Littbl. f. germ. u. rom. Phil. 1887 sp. 111, der ein Gegenüber von *hiruz — hiruʒʒes* annimmt; doch ist es im höchsten Grade unwahrscheinlich, dass sogar im Auslaut der Schwachtonsilbe *t* sich zur Africata hätte verschieben sollen).

§ 100. Häufig finden sich in Bst. und den nahe verwandten aleman. Mundarten mehrere der bezeichneten vier Dentalstufen nebeneinander (andere Beispiele s. bei Kluge Beitr. 9, 157 ff., Kauffmann Beitr. 12, 504 ff.):

1. St. I 194 *pflüder* 'verdichtete Flüssigkeit, Schlamm' etc.; 2. bst. *pflytarig* 'quatschig, breiartig', *pflytə* f. 'Kloss aus

---

[1] *jnnərə syt si* bezeichnet die geistige Erregtheit, während das in § 94 angeführte *ə jašt hā* die körperliche.

Kartoffeln, Mehl etc.'; 4. bst. *pflǫts* m. 'quatschige Nässe Strassenkot'.

1. bst. *mūdərịg* 'in reizbarer, unpässlicher Verfassung, sauer sehend'; 2. St. II 225 *muten* 'mit niedergehängtem Kopf vor sich hinstarren etc.' ib. 226 *mutteren;* in L. *mųtere* seltener *mụdere* 'leise und undeutlich sprechen' noch die beiden Dentalstufen; 4. Spreng *mutzig* 'brotzig, mukerisch, unläunig' (dieser Zusammenhang scheint näher liegend als *mutzen* < *mucksen,* Kluge et. Wb.).

1. bld. *lödele* 'nicht mehr fest sein, wackeln', St. II 176 *Lodel, Lödeli* 'lässiger Mensch'; 2. bst. *lǫtərə* 'lose sein, baumeln' zu mhd. *loter* (dazu nach Kluge et. Wb. *liederlich,* wegen der Bed. vgl. auch obiges *Lodel*); 4. bst. *lǫtsə* 'unordentlich herabhängen' von Kleidern, *lǫtsị* m., auch häufig in der Verbindung *štχụmmpflǫtsị* 'Mensch mit hängenden Kleidern, Strümpfen'. — Diese Sippe gehört wohl zu der idg. Wurzel *lū̆* 'lösen', zu welcher mit anderer consonantischer Weiterbildung got. *laus fraliusa* etc.

1. St. II 57 *höderlen* 'schaukeln, trippeln'; 2. ib. *hottern* 'schütteln, rütteln'; 4. bst. *hǫtslə* v. tr. 'hart schaukeln, schottern' bes. beim Reiten und Fahren, zu mhd. *hotzen, hutzen.*

Vom vorigen zu trennen: 1. bst. *hūdḷ* 'Lappen, übtr. Lump', St. II 59 *der Hudel* 'Kindswindel'; 2. T. Tobler S. 271 *hottel* 'Lake für Kinder'; 4. L. *hūze* 'vergeuden, verliederlichen' (? zu der übertragenen Bedeutung).

1. bst. *šı̄cádərə* v. itr. 'Wasser in rauschende, plätschernde Bewegung bringen' mhd. *swadern, swatern;* 2. *šıcetị̄* f. 'Nässe, Verschüttetes' zu mhd. *swetic;* 4. *šıçtsə* 'sprechen, schwatzen' mhd. *swetzen* (s. Kluge et. Wb. s. v. *schwätzen*).

1. bst. *šı̄ı̃dərə* 'laut, kreischend schwatzen'; 2. *šı̃ţərə* v. tr. und itr. bez. eine rasche knarrende, prasselnde Bewegung, z. B. das Zuwerfen und -fallen der Thür, zu mhd. *snateren.* Grundbedeutung scheint das rasche Auf- und Zuklappen zu sein (vgl. bes. die Bed. von *snateren* bei Lex. 'den Schnabel in einer Flüssigkeit schnell und wiederholt laut öffnen und zumachen'), und so ist man versucht, auf Grund der analogen Bedeutungsentwicklung in der Sippe von *Schnabel* (s. u. § 120) herzuziehen: bst. *šı̃tə* 'Schnitt, Einschnitt, Kerbe' mhd. *snate;*

dazu dann mit Stufe 4. *šnᵢtstᵊ* 'schnitzen' (das *ç* hier wie in *šnēdᵊrᵊ šnᵢtᵊrᵊ* im Ablaut zu dem *a* von *šnatᵊ*).

2. (*nd* < ahd. *nt*) *šχᵉnnd* m. 'Berg-, Gletscherspalte' mhd. *schrunde*; 4. *šχᵉnnts* 'Riss durch ein Tuch' zu mhd. *schranz*, *šχᵉnntsᵊ* mhd. *schrenzen*; Spreng bemerkt dazu: 'Unsere Alten sagten auch *schrenden*' also wieder mit Stufe 2 (vgl. mhd. *schrinden*).

Stufe 1 und 4 stehen sich gegenüber in *kōdᵊr* 'Speichel, Auswurf' zu mhd. *kodern* — *kᵒtsᵊ* 'sich erbrechen' mhd. *kotzen*; *šnūdᵊr* 'Nasenschleim' mhd. *snuder* — *šnᵢtsᵊ* 'schneuzen' mhd. *sniuzen* (vgl. Paul Beitr. 7, 134): in dem letzten Worte haben wir wieder den Fall, dass nach Vereinfachung der urgerm. Geminata nach dem langen Vocal die zweite durch *j* bewirkte Dehnung über den Consonanten erging (vgl. o. § 64).

Anmerkung. Bei einigen der angeführten Wörter ist die Möglichkeit zu erwägen, dass *ts* erst durch Antritt der Suffixe ahd. -*ezzen*, -*isôn* an den Dental der Wurzel entstanden sein mag, wie dies in nhd. *geizen* vorliegt. Da die Mehrzahl der hieherfallenden Wörter auf älterer Sprachstufe nicht belegt ist, wird die Entscheidung über die Herkunft des *ts* selten zu fällen sein. (vgl. dazu Brandstetter S. 304.)

§ 101. Über *t* und *d* im Inlaut ist noch zu bemerken: Die Schwächung von ahd. *t* nach *n* findet sich, ausser den auch dem Nhd. geläufigen Fällen noch in *hᵢnndᵊ hᵢnndᵊr* mhd. *hinden hinder*, *ᵿnndᵊ ᵿnndᵊr* mhd. *unden under*; sodann in den einsilbigen präs. Pluralformen z. B. *hᵉnnd* '(wir, ihr, sie) haben' mhd. *hent*, *lēnd* 'lassen' mhd. *lânt*, *dᵢᵉnd* 'thun' mhd. *tuont*. Wo *t* erhalten blieb, hat z. T. ein folgender Consonant verschärfend eingewirkt, so in *wᵢnntᵊr* mhd. *winter*, *wᵢnntᵊlᵊ* 'Wanze' Diminutiv zu mhd. *wantlûs*,[1] *bᵢnntl* 'Bündel' s. o. § 25, dazu die andern daselbst genannten Fälle; bei andern ist *t* analogisch wieder eingesetzt worden, so in *dᵊr aint* 'der eine' Neubildung nach den Ordinalia, *nᵢnt* 'der Neunte' urk. *nénde* nach *zweite, dritte*, vielleicht in *mēntᵢẏ* 'Montag' *sᵿnntᵢẏ* 'Sonntag' nach *fᵡᵢtᵢẏ* 'Freitag': doch kann hier auch der folgende Nebenton geschützt haben; macht sich bei *ᵉnntᵊ* 'Ente' der einstige Zwischenvocal von ahd.

---

[1] Das Suffix ist, wie bei den Personennamen, an den ersten Compositionsteil angetreten; so ja auch bei *Wanze*.

anut geltend oder Angleichung an den nom.-acc. *ant*, woselbst *t* wegen der Auslautstellung bewahrt blieb (doch vgl. o. *lint* etc. > — *nd*)?

Nach *l* erscheint ahd. *t* durchweg ungeschwächt; Spreng hat auch *milteren* 'mildern', jetzt nicht mehr mundartlich, *muelte* 'Mulde, Backtrog', wofür mir *myoldə* geläufig: hier schon mhd. Doppelformen. Vgl. noch *gidulltig* 'geduldig' mhd. *gedulter.*

Vermutlich gemeinalemanisch (KM. S. 63; L.) ist inlautende Lenis in bst. *dẹdə* 'töten', *dọd* 'tot' prädicativ, aber attributiv und absolut *dọt dọtə dọti*; schon bei Notker *tôden* (verbum), *tôd* aber *tôter tôten* etc. (s. Graff V 340 ff.). Beim Verbum ist ursprüngliche Doppelheit *tôtiu tôdis tôdit* nach entgegengesetzter Richtung vereinfacht worden. Beim Adjektiv spielt der grammatische Wechsel, die Nähe des Subst. *tôd*, herein (s. Verner K. Zs. 23, 123); doch weiss ich die seltsame Verteilung der beiden Gestaltungen nicht zu erklären.

Von den zahlreichen Fällen, da *t* in schwachtoniger Stellung zu *d* wird (s. auch o. § 15), erwähne ich hier das schwache part. prt., z. B. *pχẹgləd* 'geschmort, geröstet' zu mhd. *brẹglen, pχẹglədi hẹχtepfl* 'geröstete Kartoffeln'; sodann die Feminina auf *-ədə* (vgl. Weinhold al. Gr. S. 209) wie *štχkədə* 'Stickzeug', *tχχkədə* 'Gedräng' (zu *drücken*), *Řukədə* 'enges Ineinandersitzen' (zu *hocken*). Die inneren Schweizerdialekte sprechen hier Fortis *t*, und die Lenis unsrer und der benachbarten Mundarten ist bezeichnend für die verringerte Energie der Artikulation, welche unserm Gebiete im allgemeinen eigen ist (vgl. o. § 33).

§ 102. Geschwunden ist *t, d* im Inlaut

a) bei Assimilation an folgende Labiale oder Gutturale (o. § 13). Man kann scheiden zwischen Wörtern, welche diese Angleichung als abgeschlossene historisch gewordene Thatsache zeigen, und solchen, bei denen ein Gefühl von dem angeglichenen Laute noch vorhanden ist, insofern als die Teile der betr. Zusammensetzung noch in ihrer Einzelexistenz verstanden werden. In die erste Reihe gehören *epər epis epə* 'jemand, etwas, etwa' mhd. *etwẹr etwaz etwan, nimmə* 'nicht mehr' aus *nit mêre* (*mm* aus *pm* kann nur im Schwach-

ton entstanden sein), h*ęmm*p*ē*r* į* 'Himbeere' mhd. *hintber*; p*χ*ik*ụ*
'Bräutigam' mhd. *briutegome;* auch wohl *ę̄χ*p*ē*r*į* 'Erdbeere'
mhd. *ērtber, ǫ̆špər* 'kostbar, allerliebst' mhd. *kostbære* u. a. Auf
die andere Seite treten z. B. *allpaχə* 'altbacken', *aiknǫssə*
'Eidgenossen': in diesen Wörtern kann bei langsam nachdrücklicher Rede, auch ohne Beeinflussung durch das Schriftbild, *t* wieder eingesetzt werden. während bei den erstgenannten dies nicht möglich ist.

Ich vermute, dass hieher auch zu stellen sind die Pluralformen (1., 2. und 3. Pers.) *sįnn* 'sind', *hęnn* 'haben', *węnn*
'wollen', *mįạn* 'müssen', *dįạn* 'thun', *gēn* 'gehen', *štēn* 'stehen',
lēn 'lassen', *fēn* *a* 'fangen an', *sēn* 'sehen', *gęnn* 'geben', *tsįn*
'ziehen', welche minder häufig neben den Formen mit *-d sįnnd*
hęnnd węnnd etc. gebräuchlich sind. Man könnte zwar daran
denken, dass die alte Form der 1. Person plur. in ihnen fortlebe,
welche sich über die 2. und 3. Person ausgedehnt hätte. Allein
die Denkmäler des 15./16. Jahrhunderts sprechen dagegen; in
diesen, soweit sie halbwegs rein mundartliches Gepräge tragen,
herrscht die Form mit *-nd (nt)* nahezu ausschliesslich in allen
drei Personen. Und auch andere Schweizerdialekte zeigen
die Endung *-nd* über den ganzen Plural verallgemeinert
(s. z. B. KM. S. 151). Unsere heutigen Formen auf blosses
-n sind daher gewiss jüngeren Ursprungs. In zahllosen
Sandhifällen, z. B. in *sįməksī* 'sind gewesen'. *hęnəK̆a* 'haben
gehabt', *mįnəK̆ọ̈* 'müssen kommen', *gēntsęmmə* 'gehen zusammen', *lēmpšlįạssə* 'lassen schliessen', sodann in *sįmmər* 'sind
wir', *hęmmər* 'haben wir' etc., entstand ein Kontraktionspro-
dukt, in welchem ebensowohl ein blosses *-n* wie ein *-nd* sich
bergen konnte. Diesen Stellen entnahm man die heutigen
Formen *sįnn hęnn gēn* u. s. w.

b) in den vereinzelten *ball* 'bald' mhd. *balt* (bei P. G.
ball : schal); *gęll* 'gelt?' 3. sing. Conj. prs. zu *gęlten*, darnach
dann *gęlləsį* 'nicht wahr?' in der Sie-Anrede.[1] Es muss hier

---

[1] Das Verbum *gällen*, welches andre Schweizermundarten zu den
gen. isolierten Formen zugeschaffen haben (Stalder I 416, D Wb. IV
3059), geht Bst. ab. Mit Unrecht will Martin Z♦. f. d. A. 29, 468 dieses
gällen von mhd. *gehëllen* 'übereinstimmen' ableiten: altem *ge+h* müsste
in allen Schweizermundarten *ʞ* oder *kχ* entsprechen.

eine im Schwachton entwickelte Form verallgemeinert worden sein.

Fraglich ist das Fehlen von -*t* in *iss* 'ist' und in der allgemeinen 2. sing.-Endung, z. B. *biss* 'bist', *kunnts* 'kommst', *losis* mhd. *losest*. Heimburger Beitr. 13, 238 erklärt den letzten Fall aus einer unursprünglichen Wortteilung in Lautgruppen wie *bistu* 'bist du' > *biss du* statt ursprünglichen *bist du*. Doch bleibt hiebei unverständlich, dass einfaches *biss* auch zugleich = 'bist du' (s. o. § 14 Ende). Deshalb und wegen *iss* 'ist' scheint mir doch lautlicher Abfall des *t* nicht zu umgehen; auch hier konnte er zunächst nur bei Schwachtonigkeit eintreten und hat sich dann über die Starktonstelle verallgemeinert. Zu vergleichen ist schweiz. *einis* gegen *einist*, mhd. *einest*.

c) dem reihen sich die Wörter an, welche in **permanent schwachtoniger Silbe** *d* haben verstummen lassen: *ōbə* 'Abend' mhd. *ábent*; die Partikel *und* in den Verbindungen *dyrəlyr* 'durch und durch', *aŋstəbaŋə* 'angst und bange',[1] *stainəbai* 'Stein und Bein (gefroren)', *gotlōbədaŋək* 'Gott Lob und Dank!'; *tswaiəhallb, tswaisfiərtl* 'zweiundeinhalb, -viertel' u. s. f.; *tswaiəfiərtsig, seksəfuftsig* '42, 56' u. s. f. Ferner gehören hieher: *nēbə* 'neben' urk. 1293 u. ö. *nebent*, *tswissə* 'zwischen' urk. 1299 u. ö. *zwischent*, *ēnə* 'jenseits' R. q. 1362 *enent*. In einigen Verbindungen wie *nēbədm* 'neben ihm', *tswissədinnə* 'zwischen drin' für sonstiges *nēbəm*, *tswissəninnə* (bei Spreng *nebezi* 'neben sich, beiseits') sehen wir jedoch das -*d* erhalten. Und derselbe Fall liegt vor in *jugəd* 'Neugeborenes, Nachwuchs' mhd. *jugent* (in der angegebenen Bedeutung doch wohl gut mundartlich). *dotsəd* 'Dutzend' zu mhd. *totzen*. Die Sache liegt vermutlich so, dass die Endung -*nt* vor folgendem Consonanten den Verschlusslaut verstummen liess, vor anschliessendem Vocal ihn jedoch bewahrte. Daher auch *Kopfəde, fuossəde* 'Kopfende, Fussende' des Bettes. Es kann nicht befremden, wenn das lautgesetzlich erforderte Verhältnis nicht immer so rein wie in den obengenannten *nēbədm, tswissədinnə*

---

[1] Das einfache *baŋə* ist der Ma. schon lange nicht mehr geläufig. In dem Druck des N. T. von Adam Petri 1523 erscheint *Bang* unter den 'ausländischen Wörtern', durch *engstig, zwang, gedreng* verdolmetscht.

bewahrt ist: so heisst es *ainənaχtsįg* '81' etc. statt des lautgesetzlichen **ainədaχtsįg*, weil man den sämtlichen andern
Formenreihen, woselbst -*d* fallen musste, ein *ainə*- etc. entnahm und dieses vor dem Vocal mit *n*, dem gewöhnlichen
Hiatustilger (s. u. § 113), versah. Umgekehrt ist in Sprengs
nebezi 'neben sich, beiseits' das -*d* über seine Grenze gedrungen.

Wahrscheinlich müssen wir auch hieherziehen alle mehrsilbigen Plurale der 3. Personen: *mər, ər, sį lųəgə* '(wir, ihr,
sie) lugen' *mər, ər, sį sīge* 'seien', *mər, ər, sį wū̃χtə* 'würden',
kemmə 'kommt' Imp. Bei Notker liegt das Verhältnis so,
dass der Ausgang -*nt* im Präs. Ind. der 2. und 3. Person
zukommt, während er sonst durchweg auf die 2. Person beschränkt ist. Zu dieser Norm stimmen die älteren Urkunden
genau. Vom Anfang des 14. Jahrhunderts aber dringt -*nt*
auch in die 3. Person des Prät., des Conj. und bald auch in
die 1. Person; doch finden wir es fast nirgends in alleiniger
Anwendung: das blosse -*n* kommt in grösserer oder gerin-
gerer Anzahl meist daneben vor. In der zweiten Hälfte des
15. Jahrhunderts tritt vielfach -*n* auch an die Stelle des alten
-*nt*, in die 3. Person Präs. Ind.; doch ist dies vermutlich
schon auf Rechnung des lautlichen Abfalls des -*t* zu setzen,
welcher sich damals vollzog. Im 16. Jahrhundert wird die
Verwirrung noch grösser, weil die Schriftsprache sich ein-
mischt; so hat P. G. in ein und demselben Stück nebeneinander die 2. Person *hŏrend dienen gloubt*. Auch bei Fr.
Ryff, F. P. stehen -*nd* und -*n* durcheinander. So lässt sich
auf Grund der Denkmäler nicht ausmachen, ob in der gesprochenen Sprache die Endung -*nt* einmal zu alleiniger Giltigkeit verallgemeinert wurde. Doch bleibt es immerhin das
Wahrscheinliche: einmal wegen des parallelen Vorgangs bei
den einsilbigen Pluralen (s. o. unter a), und sodann wegen
des Verhaltens der andern Schweizermundarten. Von diesen
lässt der eine Teil den ganzen Plural auf -*əd* (*ət*) ausgehen
(Winteler S. 63, Brandstetter S. 291): hier war sicher die
Endung -*nt* verallgemeinert worden. Ein andrer Teil der
Schweizerdialekte spricht *mər lųəgə*, (*d*)*ər lųəgəd* (-*t*), *sį lųəgə*.
Ich glaube auch hier nicht, dass die alte Endung -*n* in der
1. Person erhalten blieb und sich auf die 3. Person aus-

dehnte, während die 2. Person ihre Endung -*nt* rettete. Auch hier ist es das Einleuchtendste, von einheitlichem -*nt* auszugehen: vor Consonant musste es verstummen — diese Form gelangte in I und III zum Siege, indessen II die vor Vocal entwickelte Gestaltung auf -*d* (*t*) annahm. Diese Ungleichheit wurde durch die häufige Inversionsstellung in erster Linie verursacht: *luogent mir* und *luogent si* ergaben lautgesetzlich *lụạgə mer*, *lụạgə sị*; aber *luogent ir* wurde zu *lụạgəd ər*.

Wir können bei dieser Erklärung für die genannten drei Sprachgebiete von einer einheitlichen Grundlage ausgehen, von *mir luogent, ir luogent, si luogent*, was durch die Denkmäler doch am meisten befürwortet wird. Die Verschiedenheiten der lebenden Idiome stellen sich grossenteils [1] als ungleiche Begünstigung der nämlichen aus jenen Grundformen erwachsenen Doppelformen dar.

Über das Verhalten der benachbarten Mundarten kann ich folgende Angaben mitteilen:

1. Bld. und Markgrafenland: *mer luege, der lueged, si luege.*
2. Neudorf i. E.: *mer luege, der luege, si luege.*
3. Schliengen u. Müllheim i. B.: *mer luege, er luege, si luege*
   (= Bst.).

Blotzheim i. E. stellt sich zu 1.; das untere Elsasss stellt sich (nach Herrmann S. 19, Mankel S. 50) zu 3.

§ 103. Von Einzelheiten zu inl. *t, d* erwähne ich noch:

Bst. hat in den 3. Pers. sing. wie *gọt* 'geht', *dụọt* 'thut', *sịt* 'sicht' durchaus den Fortis-Auslaut, nicht wie manche Schweizermaa. die Lenis -*d* (vgl. Winteler S. 151).

Einen Einschub von *d*, dem K *pfannæ* — *pfændlị, hụæ* — *hüændlər hüændlị* (KM. S. 138) entsprechend, kennt Bst. nicht.

Wie aus dem vorigen § ersichtlich, mussten in Wörtern wie *übent, nebent, zwischent* Doppelformen mit und ohne auslaut. -*t d* sich bilden. Darnach schuf man nun auch zu *hinder* ein *hindert*, welches in bst. *hịnndeχtsị* 'rückwärts' mhd. *hinder sich* vorliegt. Schon fraglicher ist, ob auch in den folgenden Wörtern das angetretene -*t, d* sich in dieser Weise

---

[1] Doch nicht ausschliesslich; so fordert die von Winteler S. 151 u. erwähnte Endung -*ụd* andere mundartliche Lautgesetze.

erklären lässt: *darnọd* neben *dərnọ̈* 'darnach, alsdann' mhd.
darnâch; *anndəx̌st* 'anders' mhd. *anders* (vgl. DWb. I 313);
geštəx̌t 'gestern' mhd. *gestern gesternt*; *buχ̌t* 'Bursche' zu mhd.
burse; *niəmәts* 'Niemand' P. G. *niemants*. Die gleichen und
verwandte Fälle in allen alem. Maa., s. bes. Heimburger
Beitr. 13, 238.

s.

§ 104. Zu der Aussprache dieses Lautes (s. Winteler
S. 39) bemerke ich noch, dass die seitliche Artikulation in
Bst. nicht eben selten zu sein scheint. Bei mir selbst bildet
der über die untere Zahnreihe vorgestülpte Zungensaum
mit den Oberzähnen der ganzen rechten Hälfte festen
Verschluss: die Einkerbung der Zunge mündet unter dem
hinteren Schneidezahn der linken Seite aus; die Luft ent-
weicht zwischen dem linken vorderen Schneidezahn und dem
linken Eckzahn; an diesen und die nach hinten folgenden
Oberzähne schliesst sich die Zunge wieder fest an. Die
Stellung der Unterlippe, welche unverkennbar zur Modifikation des Geräusches beiträgt, ist auch nicht ganz sym-
metrisch: sie ist vom linken Mundwinkel an etwas gehoben,
so dass sie die Oberlippe bis zum linken Eckzahn und diesen
selbst berührt, während sie von da an bis zum rechten Mundwinkel, der etwas zurückgezogen ist, weder mit der Oberlippe, noch mit der oberen Zahnreihe mehr in Berührung
kommt.

§ 105. Im allgemeinen entspricht die Lenis *s* altem *s*,
die Fortis *ss* altem *ʒʒ*, *ʒ* und *ss*. Z. B. *pχọsmə* 'Brosame'
mhd. *broseme*; *dussə* 'draussen' mhd. *dûʒe*, *aissə* f. 'Eiterbeule'
mhd. *eiʒ*; *ross*, plur. *ressər* 'Ross, Pferd (dieses Wort nicht
mundartlich)' mhd. *ros*, *rosses*; *kχessịg* m. 'Kresse' zu mhd.
kresse.

Den Zusammenfall von *ʒʒ* und *ss* finde ich zuerst in
einer Urk. von 1271 gekennzeichnet durch die Formen
*schultheise, ein ganzes iar, eins vnd sibenz iar, die dis sahen;
sant Johans mez, deʒ selben silbers.*

Lenis *s* steht altem *ʒ*, *ss* gegenüber in den § 24 erwähnten Wörtern; sodann, nach der allgemeinen Regel, in

schwachtoniger Silbe, z. B. *immịs* 'Mittagessen, -zeit' mhd.
inbíz, epịs 'etwas' mhd. *etwaz, sịmmsə* m. 'Sims, Fensterbank'
mhd. *simeʒ*; in der neutralen Adjektivendung: *pχịnslị* 'Brauns'
ein Gebäck mit Chocolade, *ə glais* 'ein kleines' u. s. w.
Diese Formen mit der Endung *s* gehören in Bst. ausschliesslich dem selbständig funktionierenden Adjektiv an; in attri-
butivem und prädikativem Gebrauch hat sich die endungs-
lose Nebenform festgesetzt: *sị glai ḳịnnd* 'sein kleines Kind'.

Anmerkung. Kolross Bl. B. 4ᵇ f. bemerkt: 'dann wo das *s*. gantz
sanfft vnd lyß vß gesprochen würt, do schrybt man ein z. dran (also
ß. oder ouch also *sz*.) . . . . . Exemplum. Roß, roßmaryn, boß, moß, loß,
haß, naß, waß, wyß, lyß, spyß, muß, luß, huß, kruß ꝛc.', woraus
der Herausgeber S. 74 Note, S. 416 einen Schluss auf die sprachliche Geltung des obd. ʒ, dem got. und ndl. z gegenüber, zieht.
Allein alle von Kolross aufgeführten Beispiele haben ja Lenis *s* (moß
und waß nach o. § 24), welcher wirklich die sanfte und leise Aussprache zukommt: das Zeichen ß ist lediglich orthographische
Spielerei.

§ 106. Mit dem Übergang des *s* zu *š* vor *p t, m n,
w l* steht Bst. auf gemeinalem. Stufe. Ich erwähne hier nur
die Ortsnamen — der Anteil von Bst. und Bld. an der Entstehung ihrer Lautform lässt sich nicht mehr scheiden —:
farnšpəχk Farnsburg urk. 1307 *Varnsperg, arịštǫʒf* Arisdorf
urk. 1154 *Arnolstorf, allšwịl* (Hauptton auf *a*) Allschwyl
urk. 1270 *Almswilr*; bemerkenswert *aχpətšwịl* Arboldswyl
urk. 1226 *in villa Arboltswilre, lịədəχtšwịl* Liederswyl urk.
1471 *Lieterszwyler, reҫətšwịl* Reigoldswyl urk. 1152 *in Rigolts-
wilre*, alle mit Hauptton auf *-wịl*, andrerseits aber *pχẹtspị*
Bretzwyl urk. 1239 *in Bretswilre* mit erhaltenem *s* wegen
der andern Silbentrennung.

Anmerkung. Es sei hier erinnert, dass Franck, Anz. f. d. A. 11,
108, *št* < *st* schon für Notker annimmt, auf Grund der Formen *wunsta
mista hursta* zu *wunsken misken hursken*, während Braune ahd. Gr.
§ 146 Anm. 5 hier Schwund des *k* ansetzt.

Auffällig ist *mịəšš* 'Moos' mhd. *mies*, bei Spreng noch
'*Miesch* oder *mies*' und so auch in andern Maa. (St. II 209,
Hunziker s. v.). Verbindungen mit einem zweiten Kompo-
sitionsgliede scheinen nicht üblich zu sein, in welchen das
Wort sein *š* hätte lautlich entwickeln und dann auf das
Simplex übertragen können.

§ 107. In der Verbindung *rs* bleibt in Bst. *s* erhalten.
Die Fälle sind: *bį̄χs* f. der Birsfluss urk. *Birsa, bį̄χsįį* m. der
Birsig urk. 1004 *aqua Bersih vocata, kį̄χsįį* n. 'Kirsche' mhd.
kirse kërse, fį̄χsįį 'vorwärts' mhd. *vür sich, fęχsǝ* m. 'Ferse'
mhd. *vërsen, męχsįį* 'Mörser' mhd. *morser, pfęχsįg* 'Pfirsich'
mhd. *phersich, špȧχsǝ* f. 'Spargel' (s. Kluge, et. Wb. s. v.),
ü̇χsǝlįį n. 'Gerstenkorn am Auge' zu ital. *orzo, dǭχsǝ* f. 'blöde,
täppische Frauensperson' zu mhd. *torse* m. 'Kohlstrunk' (oder
zu *turse* m. 'Riese'?). Dazu bei Spreng *murs* 'entzwei, in
kl. Stücke zerbrochen' *murselen* 'betriegen', zu mhd. *mursël.
anderschwo* bei Fr. Ryff und *arschbossen* 'mit dem Hintern
an Etwas schlagen und stossen' (zu mhd. *ars, bôzen*) bei
Spreng haben ihr *š* nach § 106.

Die Erhaltung des *s* nach *r* wird wiederum mit der
Eigenart des *r* von Bst. zusammenhängen, da die Wandelung
von *s* zu *š* alveolares *r* vorauszusetzen scheint (vgl. Winteler
KM. S. 40).

§ 108. Folgendem *š* hat sich im Aleman. schon *z*, als
es noch von *s* verschieden war, assimiliert: *ezzisch > esch*
'Saatfeld' bst. *ȩ̄š* Aesch, Dorfname urk. 1293 *Esch*, davon
ȩ̄šǝ Aeschen, Strassen- und Quartiername, *bezzist > best* (*st*
= *št*) 'best' bst. *bešt; græzist > græst* 'grösste' bst. *kχṛį̄št*.
In den lebenden Maa. ist dieses Assimilationsgesetz für *s, ss*
immer noch lebendig (KM. S. 137 f.); z. B. bst. *ššȩ̄ffǝ* 'das
Schaffleisch' mhd. *daz schæfin, wennššnȩit* 'wenn es schneit';
daš 'das ist': hier ist die Verschmelzung auch bei langsamer
Rede ganz gewöhnlich, während *was įšš* 'was ist' nur bei
ganz raschem Sprechen allenfalls zu *waš* wird; diese Ein-
schränkung kennt z. B. JM. nicht (Brandstetter S. 255).
Nebeneinander üblich sind *lįšįš* und *lįšš* 'liesest', *lǫšįš* und
lǫšš mhd. *losest, rįššįš* und *rįšš* 'reissest', *įššįš* und *įšš* 'issest',
waksįš und *wakš* 'wächsest'. Durch eine analoge Verschmelzung wurde im Ahd. *lâzist* zu *lâst* und trat damit in die
Abhängigkeit von *gâst, stâst* zu *gân, stân,* sodass neben
lâzen ein *lân* vollständig durchflektiert wurde, wie noch in
den lebenden Maa., z. B. bst.

Ind. *lǫss* — *lǭ*   Inf. *lǫssə* — *lǭ*
  lǫssįš (*lǫšš*) — *lǭᵉš*   Part. *glǫssə* — *glǭ*
  lǫst — *lǭt*   Condit. aber nur *lįᵉss* oder
  lǫssə — *lįᵉnd*   mit schwacher Bildung
Imp. *lǫss* — *lǭ*   *lǫstį, lįᵉstį.*
  lǫssə — *lįᵉnd*

Ebenso sprach man nach *muost* den Plur. *müend* (vgl. Weinhold al. Gr. § 384), wie man zu *tuost* ein *tüend* hatte.

Die Angleichung von *s* an voraufgehendes *š*, wie sie anderswo in vereinzelten Fällen vorkommt (KM. S. 138, Brandstetter S. 226), ist Bst. fremd; es heisst hier immer *gįšᶬ fatər* 'giebst du es dem Vater', *gįšsį hę̄r* 'giebst du sie her'.

š.

§ 109. Bei der Hervorbringung des *š* scheinen in Bst. die Lippen mehr als bei irgend einem andern Laute vorgestülpt zu sein, und zwar bei der Lenis merklich weniger als bei der Fortis. Bei mir ist die Artikulation wieder völlig einseitig links.

Im Anlaut herrscht die Lenis resp. vor stimmlosem Cons. (*p t k r*) der neutrale Laut. Im Inlaut der letztere oder die Fortis. Inlautende Lenis kenne ich nur in folgenden Fällen: *kჯįš* 'Krüsch' mhd. *grüsch*, *ęš* Dorfname (gegen *ęššə*, s. den vor. §), *mჳəš* 'musst' mhd. *muost* (bisweilen auch *ƙaš* 'kannst' neben sonstigem *ƙašš*): diese Fälle erklären sich nach § 24. Auffallenderweise erscheint in verschmolzenem *das įš(š)* 'das ist' die Lenis: *dašš* (s. o.). Dazu das Lehnwort *ƙჳušər* 'koscher, geheuer'.

In der etymologischen Verteilung des *š* stimmt Bst. zu den übrigen aleman. Mundarten.

Anmerkung. Hinsichtlich der Lautverbindung *tš* im Inlaut in ihrem Verhältnis zu *š* und zu *ts* bleibt nach den Erörterungen von Gerland K. Zs. 21, 67 ff., L. Tobler K. Zs. 22, 133 ff., Winteler KM. S. 48 f., Brandstetter S. 278 ff. noch manches Rätselhafte, zu dessen Deutung ich nichts beizutragen vermag.

Brandstetter S. 257 stellt mehrere Fälle zusammen, da innerhalb der obd. Man. Wörter mit und ohne *š*-Anlaut in

etymologischer Verwandtschaft zu einander stehn. Aus Stalder
wäre noch beizufügen *luenz* und *schluenz* 'feile Metze' (D.
Wb. VI 1309), *mutzen* (bst. *mutsə*) und *schmutzen* 'putzen,
schmücken', mhd. *mutzen* dass. Aus der Schriftsprache rechnet
man *Malz* und *Schmalz* hieher; vermutlich auch *lecken* —
schlecken. Die Möglichkeit scheint nicht ausgeschlossen, dass
auch in der Sonderentwicklung des Germ. durch unursprüng-
liche Sandhitrennungen sich neue Doppelformen dieser Art
bilden konnten; denn *s* und in der spätern Zeit *š* nahm sehr
häufig den Wortauslaut ein. In dem folgenden Falle jedoch,
der mir auch hieher zugehören scheint, müsste die Doppelheit schon idg. sein: die in § 120 aufgeführten Sippen *rub*
und *štrub* zeigen eine so auffallende Bedeutungsverwandt-
schaft durch alle ihre Glieder hindurch, dass man versucht
ist, vorgerm. *srup* > *strup* (vgl. dafür Brugmann Grdr. § 578)
neben *rup* (wozu *rumpo*, ai. *rup-*, *lup-*) anzusetzen.

n.

§ 110. Zur Aussprache des *n* bemerke ich nur, dass
ein dem *n* vorausgehendes *k* *g* den Nasal nicht zu *ŋ* assimiliert, der Verschlusslaut also nicht durch die Nase explodiert
(vgl. Winteler S. 135 u.).

Im Anlaut, nach langem Vocal und nach Consonant
steht durchweg Lenis *n*, nach starktonigem kurzem Vocal
durchweg Fortis *nn*. — Im Allgemeinen geht die Entsprechung
bst. *n* = mhd. Lenis, bst. *nn* = mhd. Fortis durch.[1] Die
Durchkreuzungen dieses Verhältnisses sind o. § 18, § 43 f.
besprochen.

Silbebildendes *n* findet sich in bst. nur in dem schwachtonigen *ŋ* 'ihn', wofür man auch *ə* hören kann (u. § 112), z. B.
lọ̈šŋ ĺ̦ŋgə oder *lọ̈šə ĺ̦ŋgə* 'lässt du ihn liegen'. Kommt dieses *ŋ*
hinter *n* zu stehn, so wird der Zungenverschluss zweimal aus-
geführt, und der Vocal *ə* tritt dazwischen; z. B. *lọ̄nən ĺ̦ŋgə*
'lass ihn liegen'. Bei nachfolgendem *n* dagegen bleibt die

---

[1] Wobei natürlich dem Umstand Rechnung zu tragen ist, dass
im Mhd. nur die Geminata das Doppelzeichen erhält: in mhd. *lande*,
winter, *wünschen*, *sin* hat *n* den Lautwert der Fortis.

Articulationsstellung von *u̯* zu *n* ununterbrochen, z. B. *lǭśsu̯ niᷱt* 'lässt du ihu nicht'.

§ 111. Während wortaulautend *n* sich immer erhalten hat, ist es im Wortinlaut und -auslaut verschiedenen Einflüssen [1] unterlegen.

1) Assimilation an einen folgenden Labial- oder Gutturallaut, ein im Wort- und Satzzusammenhang immer noch lebendig wirkendes Lautgesetz (o. § 13). Erstarrte Fälle sind: *ᵢmmł* 'wenigstens' < *ein mâl*; *am, ᵢm fǫm* < *an dem, in dem, von dem*; *aim* 'einem', *ƙaim* 'keinem', *mᵢ̄m 'dᵢ̄m sᵢ̄m* 'meinem, deinem, seinem'; *u̯ᵢmmer* < *u̯end mir* 'wollen wir' u. ähnl.; *hammpflɔ* f. < *hantvolle*, *mummpfł* m. < *muntvol*. Die paar Fälle von erstarrter Assimilation an einen folgenden Guttural s. o. § 92.

2) Assimilation an ein voraufgehendes *m*: in dem *nem(m)en* 'nennen' (got. *namnjan*) der Denkmäler, z. B. urk. 1345 u. ö. *man nem(m)et*, P. G. *namplen sich*, Fr. Ryff *on not al zu nemen, die man nempt, des erstgenempten jorsz*. Die älteren Urkunden haben ausschliesslich *vorgenante*: in dieser Form, vor dem *t*, mag die Form mit *n*, vor Vocal die Form mit *m* lautlich gefordert sein; darum auch *stimme, verdammen*. Der heutigen Ma. ist *nennen* verloren: sie besitzt nur *haissɔ* 'heissen'.

3) Schwund vor folgendem *r* (vgl. Weinhold al. Gr. S. 168 f.): bei P. G. *eir* < *einer*, *keir* < *keiner*, *syr* < *siner*; bst. *u̯ffərɔ mu̯rɔ* < *uf einere mûre* 'auf einer Mauer', ebenso

---

[1] Die für manche Teile des Aleman. so wichtige Vocalisirung des *n* vor Reibelaut, z. B. *hâf hauf* 'Hanf', *chūst* 'Kunst' (Staub F. DM. VII 18 ff., Birlinger al. Spr. S. 104 ff., Winteler S. 73, Brandstetter S. 266.) ist unserer Ma. wie auch den nächstangrenzenden fremd. Staub a. a. O. S. 345 bringt aus Basler Denkmälern ein paar einschlägige Fälle aus dem 15./16. Jahrh. bei. Jedoch ist die Erhaltung des *n* in allen Schriftstücken vom 13. Jahrh. an so durchaus die Regel, dass jene Ausnahmen uns nicht die einheimische Lautform verbürgen können. Hätten doch die betr. Maa. von allen Spuren jener Lauterscheinung sich nicht anders als allenfalls durch ein tiefgreifendes, unwiderstehliches Einwirken der Schriftsprache befreien können. Und von einem solchen kann hier ebensowenig wie anderswo in der Schweiz die Rede sein.

annərə, bƒnərə, ƒbərərə, u͜ēgənərə 'an, bei, über, wegen einer' u. s. f.; wo dieser Dativ nicht an eine Präposition anlehnt, hat er sich nach dem Vorgang des Masc. (s. o. § 97) mit *au* oder *in* verbunden, z. B. *annərə, ƒnnərə makt* 'einer Magd' (seltener bloss *ərə makt*). Hieher noch *hairƒ* Heinrich, *K̑uərƒ* Konrad: dies ist die lautliche Fortsetzung der vollen Namensformen, während *kainƒ K̑uənƒ* die aus dem ersten Compositionsgliede gebildeten Koseformen sind.

Vermuthlich sind auch die Formen *ais K̑ais, mƒs dƒs sƒs, glais* lautgesetzlich aus *einez keinez, minez dinez sinez, kleinez* entstanden; denn als functionsgleiches masc. und fem. steht ihnen nicht das *n*-lose *ai K̑ai mƒ* etc. zur Seite, von welchem sie diese Form könnten entlehnt haben, sondern die volle Form masc. *ain K̑ain mƒn* etc., fem. *ainƒ K̑ainƒ mƒnj* etc. (s. u. S. 109). In *kχƒəns,* 'grünes', *šƒns* 'schönes' u. s. f. natürlich Angleichung an *kχƒən, šƒn.* Hieher noch *ƒs* schwachtoniges 'uns' < *üns* (emphatisch aber *u̯ns*).

§ 112. 4) Für den nur durch Silbenstellung und Accent bedingten Ausfall des *n* glaube ich die Regel so formulieren zu müssen: *n* verstummt a) nach starktonigem langem Vocal im Tactschluss; b) im In- und Auslaut der schwachtonigen Silbe.

Isolierte Fälle von a) sind *aidy̑ən* adv. 'gleichgiltig' < *eintuon, špasɣu* 'Spanferkel' zu mhd. *spensû* (zur Dehnung des Vocals vor -*n* vgl. o. § 44), *lƒlaχə* 'Leintuch' mhd. *lîn-lachen*; sodann die als *ƒ- a-* erscheinenden Präfixe mhd. *in-, an-* (§ 44). Fast überall konnten Doppelformen entstehn, je nachdem *n* den Tactauslaut inne hatte oder nicht; und die Ausgleichung scheint in jeder Mundart wieder etwas abweichende Ergebnisse gehabt zu haben. So ist K mit der Beseitigung der -*n*-formen sehr consequent vorgegangen (Winteler S. 71 f.); während die niederalem. Ma. von Ottenheim viel mehr auslautende *n* als Bst. gerettet hat (Heimburger Beitr. 13, 241 f.). Die *n*-lose Form herrscht in Bst. vor Allem in den einsilbigen Infinitiven und Partt., z. B. *nɛ̃ gnö* 'nehmen, genommen' mhd. *nën genon, dy̑ə dö̃* mhd. *tuon getân,* auch in der ersten Person Sing. *ƒ bƒ, ha, K̑a* (o. § 18), *dy̑ə, lö̃, šlö̃, ksƒ̃* (doch kann man vereinzelt auch *ƒ hān dƒ ksƒ̃* 'ich habe dich gesehn' u. ähnl. hören); sodann in den Subst.

rī 'Rhein', *wī* 'Wein', *štai* 'Stein', *bai* 'Bein', *ma* 'Mann' (§ 18), in den Adj. und Adv. *glai* 'klein', *əlai* 'allein', *nai* 'nein', *tsę̄* '10', *šǭ* 'schon', *dəχfǭ* 'davon', *tχa* 'daran', *tχī* 'darein'. Auf der andern Seite mit verallgemeinertem *-n*: *ban* 'Bahn, Bann' (§ 18), *šwan* 'Schwan', *tsan* 'Zahn', *lōn* 'Lohn', *kantōn* 'Kanton', *sun* 'Sohn', *rain* 'Rain, Halde', *kīən* 'Kien', *kχīən* mhd. *grien*, *huən* 'Huhn'; — *šę̄n* 'schön', *fīn* 'fein', *nīn* '9', *pχan* 'braun', *rain* 'fein', *kχīən* 'grün'. *Kai ai, mī dī sī* haben das *-n* noch in der subst. masc. Bedeutung 'keiner einer, meiner deiner seiner', woneben in gleicher Function *Kainə ainə mīnə dīnə sīnə* aus *keiner, miner* etc.

Zu *štai bai* lässt sich neben den altüberkommenen Diminutivformen *štainlị bainlị* auch ein neues *stailị bailị* bilden, besonders in der Kindersprache. Und ebenso spricht man im Dat. plur. neben dem überlieferten *štainə bainə* auch häufig das neugeschaffene *štai bai* (aber niemals etwa *štaiə baiə!*).

Auf den vorausgehenden Vocal hat die Nasalierung, welche dem Schwinden des *-n* vermutlich vorausgieng, keinen bleibenden Einfluss geübt (vgl. Winteler S. 71): es heisst *štǭ* (mhd. *stân*) wie *rǭt* (mhd. *rât*), *gę̄* (mhd. *gēn gēben*) wie *lę̄sə* (mhd. *lēsen*) u. s. f.

Beispiele für b), das Verstummen von *n-* in schwachtoniger Silbe: vorstarktonig *əwęk* 'weg' mhd. *enwēc*, *əfarnə* 'allbereits, vorläufig' < *anfangen*, *fəχtlęnə* 'entlehnen' < *verent-lêhenen*, *ə* unbest. Artikel 'ein', u. a.; nachstarktonig im Inlaut s. o. § 102; für den Auslaut sind Beispiele überflüssig, da in Bst. wie in der grossen Mehrheit der aleman. Mundarten (vgl. Stalder schweiz. Dial. S. 65) die Regel durchgeht, dass nirgends nach schwachtonigem Vocal (*ə, ị*) das auslautende *-n* bestehen blieb. Einzig *ŋ* schwachtoniges 'ihn' ist als Ausnahme hievon zu betrachten, und auch hiefür sprechen manche bes. ältre Leute vor Cons. das lautlich zu erwartende *ə* (s. o. § 110).

Wie jedes vorstarktonige *ə-* dem Sprachgefühl als *ein*gilt (o. § 62), so das nachstarktonige *-ə* als *-en*. Daher im 16. Jahrh. Schreibungen wie *appendecker* 'Apotheker', *bappengey* 'Papagei' (auch *arbentsälig* 'arbeitselig' gehört hieher),

Formen, wie sie auch heute bei ungeübtem Schriftdeutschsprechen gebildet werden.

§ 113. Vor Vocal ist *n* weder in stark- noch schwachtoniger Silbe verstummt. Die Doppelformigkeit, in der alle
einst auf -*n* ausgehenden Wörter uns entgegentreten sollten,
ist jedoch bei vielen aufgehoben, indem entweder die vor
Consonant entwickelte Form ohne -*n* auf die Stellung vor
Vocal ausgedehnt wird oder umgekehrt. Andrerseits aber
hat von den Fällen aus, da die ursprüngliche Doppelheit bewahrt ist, das antevocalische -*n* weit über die etymologisch
ihm zukommenden Grenzen hinausgegriffen (vgl. Paul, Princ.²
S. 97). Bei dem auslautenden -χ und -*(n)d*, welches wir in
ein paar einzelstehenden, erstarrten Fällen vor Vocal erhalten
fanden (o. § 79, § 102 c), war die Möglichkeit der Übertrag-
barkeit nicht oder nur in geringstem Umfange vorhanden.
Allerdings ist auch beim hiatustilgenden *n* die Produktivität
eine beschränkte. Da es vom Standpunct der lebenden
Mundart aus gleich gilt, ob dieses *n* an etymologisch be-
rechtigter oder unberechtigter Stelle antritt. betrachten wir
die einschlägigen Fälle im Zusammenhang.

Zunächst tritt -*n* immer ein, wenn der erste der
beiden zusammentreffenden Vocale *ə* ist: *ɛ̄nənabə* 'jenseits
hinab' (gegen *ɛ̄nədūrə* 'jenseits hindurch'); *riəffənis* 'ruft uns';
i̧ šnɛ̄ˀlənepis 'ich schneide an Etwas herum'; *ənɥnntsitig̱mepf̧ļ*
'ein unreifer Apfel'; *ə bɥ́śślənɛ̄χpēŗ* 'ein Büschel Erdbeeren' u.s.w.

Umgekehrt wird niemals *n* angenommen von ausl. -*i̧*:
nim̧m ainį ȯɥɛk 'nimm eine weg', *ȯnį ɥ* 'ohne ihn', *garȯȯi̧ɛχt*
'geh ich wohl'. Ebenso ausnahmslos fehlt das *n* den auf
vollen Vocal ausgehenden Substantiven und Adjectiven: *dər
rī ap* 'den Rhein hinab', *dəχ štai ərlɛȯȯə* 'den Stein erreichen',
glai ɥmpfįntsəlig 'klein und fein'. *kai aintsigə* 'kein einziger',
mį alltə 'mein alter', *sj ɥȯȯəklə* 'sein Onkel'. Ferner immer
txĩˀnȯ gleichsam 'darein hinein', *txȯáånȯ* 'daran hinan', *dȯȯsə*
'da hinaus' u. a. Auch *əlai* 'allein', *nai* 'nein', *nįə* 'nie' *jɛ* 'ja',
se 'da nimm' bleiben durchaus ohne -*n*. So endlich auch alle
Infinitive und l'artt. der sog. Verba contracta: *ksɛ̄ ɥȯk̄ɛ̄χt*
'gesehn und gehört', *ȯɛ̧mmȯr ɥō̧ əfɥȯȯə* 'wollen wir gehn
allmählich?' u. s. w.

Im Übrigen sind es gewisse Verbindungen, in welchen *n* durch den Usus gefestigt ist. Nicht selten lässt sich beobachten, dass nur dann das -*n* antritt, wenn ein Wort mit schwachem Satzton sich eng anschliesst. So in *bīnm bīnərə bīnis bīniχ bīnənə* 'bei ihm, ihr, uns, euch, ihnen' und ebenso mit *tsɯə-n-* 'zu-'; dagegen *bīīm bīīrə biɯnns biɯiχ bīīnə* mit emphatischem Pronomen, und *bi ɛukšt* 'bei Augst', *tsɯə allə* 'zu allen'. Ähnlich heisst es *šǫnəmǫl* 'schon einmal', aber nur *ər het šo ais* 'er hat schon eines', *sišsɒaχti* 'es ist schon 8 Uhr'; *əsǫnə Kɯə* 'solch eine Kuh' aber *əsǫ ainị* 'solch eine'. — Die verba contracta lassen in der auf vollen Vocal endenden I. sing. und II. Imp., im Gegensatz zu den andern Verben, das -*n* meist antreten: *i lǫniχkǫ* 'ich lass euch gehn', *i bīnən* 'ich bin es', *i hānallneǐl* 'ich habe immer', *dɯəmmmit* 'thu ihm Nichts' und in der Inversion stets *lōnị bīnị hānị dɯənị* (dagegen *i hɛuɯ ais* 'ich haue ihm Eines', *Kɛi īnə* 'falle hinein' und in der Inversion *hɛuị, Kɛiị*); vor Substantiven aber fehlt dieses *n* häufig, z. B. *dɯə ərɒəkə tχə* 'thu Butter dazu' oder *dɯən-*; auch beispielsweise *i Ka ībərə* 'ich kann hinüber' oder *i Kan-, tsịə ūsə* 'zieh heraus' oder *tsịm-*; *i ha ərɒəšt* oder (häufiger) *i han ərɒəšt* 'ich habe Angst'. Es giebt zahlreiche Fälle, wo es der Sprachgebrauch nicht zu fester Norm gebracht hat und wo, wenn auch nicht in sehr erheblichem Masse, individuelle Gewohnheiten mitspielen. Mir ist *ɛunəmǫl* neben *ɯəmǫl* 'auch einmal', *wǫnəfərɒə* neben *wǫəfərɒə* 'als endlich', *wiənɛiər hūs* und *wịə ɛiər hūs* 'wie euer Haus' geläufig (dagegen nur *wịənị* 'wie ich' und auch emphatisch *wịənīχ*). Auch Spreng, der dieses *n* genau zu setzen pflegt, hat mit dem heutigen Sprachgebrauch verglichen einiges Abweichende, z. B. *no em* 'nach ihm', *no er* 'nach ihr', *no erä* od. *nonerä* 'nach einer', woselbst heute das *n* überwiegt; umgekehrt schreibt er *wonús*, *woná* 'wohinaus, wohinan', während ich nur *wǫɯs wǫī* kenne.

Es ergiebt sich hieraus, dass nicht das mundartliche Sprachgefühl im Allgemeinen dem Hiatus abgeneigt ist: anstössig erscheint derselbe nur in gewissen zufälligen Verbindungen, die man nicht anders als mit überbrücktem Hiatus zu hören gewohnt ist. *s ịšš wịə ə štai* ('es ist wie ein Stein') wäre verletzend, während *sjšš nja a štai* ('es ist nie ein Stein') das einzig mögliche ist. Nur dem auslautenden -*a* gegenüber ist die Abneigung gegen den Hiatus gleichsam zu einer festen Thatsache geworden. Dieser Umstand ist jedenfalls, neben einigen andern, mit Schuld daran, dass sich der Basler und wohl der Schweizer überhaupt nicht leicht dazu entschliesst, das auslautende -*e* der Schriftsprache der angenommenen Aussprache gemäss als -*a* zu sprechen, dass er vielmehr ein ziemlich geschlossenes *e* dafür einzusetzen pflegt. — Die Kindersprache verhält sich diesem Hiatus -*n* gegenüber unsicher und lässt auch oft auslautendes -*a* mit nachfolgendem Vocal zusammenstossen.

In das Wortinnere ist dieses *n* gedrungen in *fχianar* früher', *sọ̈nig* 'solch' zu *sô* (Beitr. 13, 242). In Pluralformen kommt dies nur selten vor, wie *šχana* Dat. pl. zu *šχa* 'Schuh', *hẹ̈χana* plur. zu *hẹ̈χį* 'Höhe', indem Bst. diese mehrsilbigen Bildungen lange nicht in dem Umfange besitzt wie die Innerschweizermundarten.

Anmerkung. *kẹ̈pẹrmąšt* 'Gespenst' mhd. *gespenste*, *bẹmmšl* 'Pinsel' mhd. *pẹnšel* seien als alleinstehende Wandlungen des *n*, die ich in keinen grössern Zusammenhang zu bringen weiss, hier noch erwähnt. S. auch Brandstetter S. 268, Heimburger Beitr. 13, 241.

l.

§ 114. Beim *l* von Bst. bleibt die Hinterzunge in der Ruhelage. *l* übt keinen Einfluss auf umgebende Vocale. Seine Klangfarbe ist gleich der des *a* von Bst.: wenn *l̦* im Satzinnern vor einen Vocal tritt, wird es zu *al*, mit der vocalischen Mundweitung vor der Verengung zu *l* (vgl. o. § 11), ohne dass dadurch der akustische Effect des *l̦* merklich modificiert würde; z. B. *fọ̈gl̦-ai* ('Vogelei') und *fχọ̈g-alai* ('frage allein') ergeben den nämlichen Lautcomplex -*gal-*.

Die Verteilung von Lenis und Fortis ist dieselbe wie bei den Nasalen (o. § 110 und § 11). Über die Fälle, da die Ma. einer mhd. Fortis die Lenis *l* gegenüberstellt, vgl. 'o. § 18. Ausserdem Lenis im Schwachton (§ 15) in *tsịbala* 'Zwiebel' mhd. *zibolle*, *bẹ̈wala* 'Baumwolle'; *mąmmpfl̦* m. < *munt vol(l)*, u. a.

§ 115. In den Verben, welche den Subst. masc. auf
-ļ gegenüber stehn, schliesst sich *l* mit Verlust seines sonantischen Wertes dem vorausgehenden Laute an (die gegenteilige Bemerkung Stickelbergers S. 11 trifft nicht zu), z. B.
Kaigļ 'Kegel' — *Kaiglə* 'kegeln', *Kįbļ* 'Kübel' — *Kįblə* 'in Strömen regnen, giessen', *šįmmļ* 'Schimmel' — *šįmmlə* 'schimmlicht werden', *hçiļ* 'Strupphaar' — *fərhçilə* v. tr. 'das Haar in Wirrnis bringen'. Dagegen ist in den zugehörigen Diminutiven der Zwischenvocal bewahrt: *Kaigəlį*, *Kįbəlį* u. s. w.

Die Subst. fem. auf nhd. -*el* (z. T. ahd. -*ala*, -*ila*) gehn in Bst. bei einer Reihe von Wörtern auf zweisilbiges -*ələ* aus, so *ammpələ* 'Ampel', *bapələ* 'Pappel', *būχpələ* 'Geschwulst, Blatternarbe' (St. I 205), *baχ-bummbələ* 'caltha palustris' (u. § 121), *dafələ* 'Tafel', *gnįmmələ* 'Knäuel' zu mhd. *klungelin*, *gokələ* 'Haube' (o. § 67), *gūχkələ* 'Gurgel', *Kųgələ* 'Kugel', *ūχkələ* 'Orgel', *tswçχələ* 'Zwehle', *wçnntələ* 'Wanze' (o. § 101). Bei der weit überwiegenden Anzahl aber herrscht die einsilbige Endung -*lə*, welche als die eigentlich productive auch auf Fremdwörter übertragen wird: *aiχlə* 'Eichel', *akslə* 'Achsel', *ammslə* 'Amsel', *aŋɔlə* 'Angel', *bųššlə* 'Büschel', *diəkslə* 'Deichsel', *dįštlə* 'Distel', *faklə* 'Fackel', *gáblə* 'Gabel', *gaisslə* 'Peitsche, Geissel', *hçtslə* 'Elster' mhd. *atzel*, *Kanntslə* 'Kanzel', *Kapslə* 'Kapsel', *Kaχlə* 'Kachel', *manndlə* 'Mandel', *mųššlə* 'Muschel', *nçšplə* 'Mispel' mhd. *nĕspel*, *nesslə* 'Nessel', *nōdlə* 'Nadel', *nūdlə* 'Nudel', *siχlə* 'Sichel', *šaχtlə* 'Schachtel', *šįnndlə* 'Schindel', *šįsslə* 'Schüssel', *štapflə* 'Stufe' mhd. *stapfel*, *šufflə* 'Schaufel', *tχįmmlə* 'Trommel', *tsɔtslə* 'Troddel' zu mhd. *zote*, *waglə* 'Wiege' zu mhd. *wage*, *waχtlə* 'Wachtel', *wųχtslə* 'Wurzel'; — darnach dann auch *špōχtlə* 'Sporteln', *rēglə* 'Regel', *fáblə* 'Fabel', *parablə* 'Parabel' u. a.

Fremdwörter mit ursprünglichem -*ll*- finden sich in beiden Reihen; die Spaltung in -*ələ* und -*lə* mag daher vormals bei jedem einzelnen dieser Wörter je nach dem Satzton vorhanden gewesen sein, worauf Ausgleichung in entgegengesetzter Richtung eintrat. Auch die Reihe auf -*lə* lässt in der Diminutivform den Vocal vor *l* wieder hervortreten: *nçdəlį* 'Nädelchen', *štɔpfəlį* 'kleine Stufe' etc.

§ 116. *l* ist verstummt in drei unter verschiedenem

Satzaccent entwickelten Fortsetzungen von altem *alsô: ə̯sǫ̂*
'só, auf diese Weise'; *assə* (altertümlich hörte ich auch noch
assǫ̈) 'als' nur in gewissen stereotypen Verbindungen wie
assə rę̈u 'in rohem, ungekochtem Zustand', *assə lę̈dig* 'als
Unverheiratete(r)'; *as(s)* 'als' (nur als modale, nicht temporale
Partikel) urk. 1277 *ass hie nach geschrieben ist*. In allen drei
Fällen haben wir es mit Schwachtonentwicklung zu thun.

Sodann in manchen Formen von 'wollen' und 'sollen',
deren Flexion ich hier vollständig aufführe:

Ind.		Cond.	
wįll	*sǫll*	*wǫl, wǫtį* (selt. *wet*)	*sǫt, sǫtį* (selt. *set*)
wįt oder *wǫtš̆*	*sǫlltš̆*	*wǫtš̆*	*sǫtš̆, sǫtįš̆*
will,	*sǫll,*	*wǫt, wǫtį,*	*sǫt, sǫtį,*
wę̈nnd	*sǫllə*	*wǫtə*	*sǫtə*

Conj.		Inf.	
well	*sǫll* (oder auch *sell* etc.)	*wellə*	*sǫllə*
welltš̆	*sǫlltš̆*	Part.	
ωell,	*sǫll*	*[wellə*	*sǫllə]*
wellə	*sǫllə*		

In andern Mundarten z. B. *K* (S. 164) erstreckt sich
der Parallelismus der beiden Verben auch auf das Präs.
Ind.: dies ist die Bewahrung des ältern Zustandes, der auch
für unsern Dialekt durch zahlreiche Formen der Denkmäler
verbürgt wird, vgl. urk. 1289 *son wir*, 1293 *dǿ . . . ze erbe
werden sen*, 1309 *(si) ensent*, 1325 u. ö. *end wirs dor recht
tên sent*; P. G. *ellend: (wir) send* (dies eine Angleichung an
wend), in den Gedichten der Baslerin bei FP. immer *sond*
für den heutigen plur. *sǫllə*. — Durch Angleichung an den
Sing. *soll* drangen aber von jeher die Formen mit *l* auch in
den Plur., z. B. dicht hinter einander urk. 1290 *son wir —
sollen wir*, und diese Neubildungen sind im heutigen Bst. die
allein gebräuchlichen.

Vermutlich ist der Schwund des *l* in den **beiden** in
Frage kommenden Lautumgebungen, *wilt* > *wįt, wolte* > *wǫt*
sowie auch *wel(e)nt* > *wę̈nnd*, ein lautgesetzlicher, nicht erst

von der einen auf die andre übertragener. Doch war jedenfalls Schwachtonigkeit erforderlich. — Man beachte den Gegensatz von *wįt wǫt* gegen die in § 102 b) erwähnten *ball gęll*
< *bald gēlt*: ich kann mir ihn nur so erklären, dass *ball gęll*
als isolierte Formen die ungestört lautliche Entwicklung fortsetzen, während in *wilt wolt(e)* das -*t* nach dem Systemzwang
immer wieder hergestellt wurde, bis dann in einer spätern
Epoche das Lautgesetz: schwachtonig -*lt* wird zu -*t* in Wirk-
samkeit trat.

§ 117. *l* ist zu *n* dissimiliert worden in *gnų̄nǫlǝ* 'Knäuel'
zu mhd. *klungeler klungelin klungeln* (vgl. Kluge et. Wb.
s. v. Knäuel); *fatsǝnĝtlį* 'Taschentuch', von Hebel gebraucht,
in Bat. nur scherzweise üblich, zu ital. *fazzoletto*. — Die
Fülle, da *l* durch *r* ersetzt worden ist, sind nicht ganz klar:
sollte in *ēgǝχšta* f. 'Elster' mhd. *agelster* (Id. I 125; wegen
des verstummten -*r* s. o. § 86) und in *fǝχtē̆fǝr* n. 'Getäfel'
vgl. Lex. s. v *terel terelen*, das zweite im Wort befindliche
r assimilierend gewirkt haben? *tšē̆pǝr* m. 'schlechter Hut,
Deckel', aus frz. dial. *tšäpel*, möchte als nomen agentis
empfunden worden sein und deren Endung erhalten haben.

C. Die Labialen: *p p b, ff f, mm m, w.*

§ 118. Von den drei bilabialen Verschlussarticulationen
findet sich die Aspirata *p* ausschliesslich im Wortanlaut
vor Vocal: sie gehört einerseits den jüngern Lehnwörtern
aus der Schriftsprache an, z. B. *panntįǝr* Name eines Hauses,
eigentümliche Compromissbildung zwischen *Panter* und *Panter-
tier* (im Übrigen vgl. o. § 8); andrerseits entsteht sie aus
dem Präfix mhd. *be* + *h*, z. B. *pįatįs* 'Gott bewahre!' < *be-
hüet uns, palltįs* m. 'der Dessert', welcher nach stehendem
Brauche bei Festgelagen, bes. Hochzeitschmäusen von den
Gästen eingeheimst und in Tüten ('Briefen') nach Hause be-
schafft wird' zu mhd. *behalten*.

Die hauchlose Fortis *p* im Anlaut kann nur durch Verschmelzung des syncopierten Artikels *t* mit *b*- entstehn (o. § 13).

Die stimmlose Lenis *b*, wortanlautend, vertritt germ. *b*;

sie ist ferner erwachsen aus dem *p* der Fremdwörter, welche
das Romanische direkt oder die ältre deutsche Gemeinsprache
geliefert hat, z. B *barəblī* 'parapluie', das nicht einheimische
Regenschirm ersetzend (andre Fälle s. o. § 5 ff.); auch in
den jungen Entlehnungen aus dem Nhd. steht *b* vor Consonant dem *p* vor Vocal gegenüber (o. § 8).

§ 119. Analog dem bei den Gutturalen und Dentalen
betrachteten Verhältnis sehen wir im Inlaut *p* und *b* in Berührung mit *f, ff, pf* innerhalb der etymologischen Gruppen.
Bei den Labialen ist die Wirkung all der in Betracht kommenden Lautgesetze am Durchsichtigsten erhalten, weil hier fünf
getrennte Lautstufen vorhanden sind. Von den sechs Stufen,
die nach Ablauf der gemeinwestgermanischen Periode entwickelt waren: *f, b (b), bb, ff, p, pp* sind durch die hd. Lautverschiebung nur *ff* und *p* in éinen Laut zusammengefallen:
die übrigen fünf werden von der Ma., welche hierin mit allen
Schweizermundarten einig geht, immer noch unvermischt
durch ihre

$$f \quad b\ (0) \quad p \quad f\!f \quad p\!f$$
$$1. \quad 2. \quad 3. \quad 4. \quad 5.$$

widergegeben. Durch die Lautverschiebung wird dieses Verhältnis nur in dem Punkte modificiert, dass *p* nach *m* zur
Affricata *pf*, nicht wie sonst überall zur Reibelautfortis *ff*
übergegangen ist. Nach dem Nasal ist daher — wie auch
bei den Gutturalen und Dentalen — die einfache und die
geminierte Verschlussfortis des Westgermanischen auf dem
ganzen aleman. Gebiete nicht mehr von einander zu unterscheiden.

§ 120 Von den zahlreichen Fällen, da in unsern Maa.
mehrere der entwickelten Labialstufen nebeneinander bewahrt
sind, führe ich folgende an:

1. L. *schnūfe* 'schnaufen', *schnūfele* 'schnüffeln'; 2. St. II
344 *schnūbelen* 'ein Schnippchen schlagen', hieher auch nhd.
schnauben; 3. bst. *šnупə* 'Schnupfen' mhd. *snuppe* (Beitr. 12,
529), dazu nhd. *schnuppern*; 4. bst. *šnuffə* 'schnaufen' mhd.
snûfen, dim. *šniffələ*; enthält urgerman. Geminata, nach dem
langen Vocal reduciert; 5. bst. *šnupf* m. 'das einmalige

Schnupfen, Einziehen durch die Nase', *ụffə šnụpfə* v. itr. 'den Rotz zurückziehen'; — P. G. kennt ein *schnupfe* f. 'Schnurre, Schnauze' s. Ausg. S. 283 V. 823 *do zogen ir die schnupfen in*, wofür Spreng mit Stufe 3. hat *die Schnupe zurückziehn.*

2. bst. *štχūb* 'straub, kraus' mhd. *strûb*, *štχībli̥* n. 'ein gewundenes Backwerk' mhd. *striubelîn*; *štχūbl̥* 'Struppkopf, krauses Durcheinander' mhd. *strobel*; 3. St. II 411 *struppen*; mhd. *struppig, Gestrüpp*; 4. mhd. *stroufen*; 5. bst. *štχụpfə* 'ziehen, strecken, streifen', *ap* — z. B. 'die Blätter von einem Zweige streifen', *ụffə* — z. B. 'einen faltig hängenden Strumpf glättend heraufstreifen', aber auch, mit umgekehrter Wirkung, vom Ermel. Zu Grunde liegt die Anschauung 'über einen krausen, *strûben* Körper reibend hinstreichen'.

2. bst. *rụbəli̥g* 'von rauher, ungeglätteter Oberfläche'; 3. St. II 285 *rupp* 'kraus'; 4. nhd. *raufen* mit reduciertem urgerm. *pp*; 5. bst. *rụpf* m. 'das einmalige Rupfen, Raufen', auch 'die Hand voll geraufter Haare, Federn, Gras etc.', *rụpfə* 'rupfen, raufen' mhd. *rupfen*. — Hieher wohl auch nhd. *Rüffel* 'Tadel'.

2. bst. *gnūblə* 'stochern, herumnesteln, -fingern' zu mhd. *knubel*, dazu K *k-χnọblət nụss* 'Nüsse, deren Kern nur stückweise aus der Schale geht' (Winteler S. 59); 3. bst. *gnụpə* f. 'Knollen, rundlicher Auswuchs' mhd. **knûpe*, *K χnūpl̥* m. 'Anschwellung'; 4. mhd. *knouf* nhd. *knauf*; 5. bst. *gnọpf* 'Knopf, Knoten, Knospe' mhd. *knopf* (vgl. Beitr. 12, 530).

2. bst. *būbə* f., meist das dim. *bībəli̥* n. 'Haut-, Eiterbläschen, Mitesser'; 3. bld. (auch bst.?) *büpli* '(weibliche) Brustwarze', St. I 237 *bübbi* dass. 5. mhd. (bei Lexer) *bupf* 'umbo'.

2. bst. *hūbl̥* 'Hügel' mhd. *hübel*; 3. St. II 63 *hup* 'convex', *hupi* 'kugelförmiger Auswuchs', D. Wb. 4 II 1798 (obd.) *hoppe* f. 'Anschwellung, Erhöhung'; 4. bst. *hụffə* 'Haufe' mhd. *hûfe*; 5. bst. *gūgl̥-họpf* m. Kuchen von einer bestimmten Form (vgl. o. § 67). Stufe 1. zeigt ahd. *hofar* 'Höcker'. Wegen weiterer Anknüpfungen s. Kluge et. Wb. s. v. Haufe, Kauffmann Beitr. 12, 518.

3. bld. *möppi* Kosewort für Mund (Seiler S. 209);

4. bst. *miffi* n. 'Mäulchen, Frätzchen'; 5. bst. *mupfə* 'den Mund verziehen, schmollen' mhd. *mupfen*. Hieher auch nhd. *Mops* und bst. *mɔpər, mɔperli* Kosewort für einen Schoosshund (vgl. andre bei Kluge et. Wb. s. v. *Mops* angeführte Wörter).

1. bst. *šlīfəriʒ* 'klebrig, gallertartig', zu K *šlifəræ* 'auf glattem Untergrunde gleitend sich bewegen' (Winteler S. 43); 3. L *schliperiʒ* 'schlüpferig' (vgl. St. II 329); 4. bst. *šliffə* 'über das Eis hingleiten' (als jugendlicher Sport, nicht 'ausgleiten', wofür *əs-glitsə* oder das gleich anzuführende *əs-šlipfə*), *šliffi* f. 'der zum *šliffə* zubereitete Eisstreifen', mhd. *slifen*; hieher auch bei St. a. a. O. *schliffiʒ* 'behende'; 5. bst. *əs-šlipfə* 'ausgleiten' mhd. *slipfen*, *schlipfəriʒ* 'schlüpferig, glatt zum hinfallen' (also nicht bedeutungsgleich mit dem obigen *šlifəriʒ*!) mhd. *slipferic*. Hieher auch noch schweiz. *schleipfə* (bst. *šlaipfə*) 'schleppen' mhd. *sleipfen* (got. *slaipjan*) mit urgerm. + westgerm. *(i-)* Gemination des Labials. Das Vorhandensein der Labialstufe germ. *f* in der Sippe macht es nötig, ein idg. *slip* anzusetzen: dem fügen sich auch die bei Schade ad. Wb. S. 822 beigezogenen lettischen Formen mit *p*, sodass die Beeinflussung derselben durch das Niederdeutsche aus dem Spiele bleiben kann.

2. *šnabl* 'Schnabel' mhd. *snabel*, auch St. II 338 *schnäbelen* 'mit geläufiger Zunge schwatzen'; 3. bst. *šnaplə* 'überstürzt sprechen' zu mhd. *snapen*; 5. *siχ fər-šnepfə* 'übereilt ausschwatzen, unbedacht sich entfahren lassen', Spreng: *Schnepf* 'Übername einer jung voreiligen Schwätzerin', vgl. mhd. *snipfen*. S. auch Kluge et. Wb. s. v. Schnippchen: die hier angezogenen niederl. *snippelen* 'zerschneiden, zerstückeln', engl. *snip* 'Schnitt, schneiden' stellen es ausser Zweifel, dass auch hieherzuziehen ist bst. *šnēflə* 'unordentlich, pfuschend an Etwas herumschneiden' (St. II 338) mit Labialstufe 1. Zu Grunde liegt die sinnliche Anschauung des wiederholten raschen Auf- und Zuklappens, dort auf die Kinnladen, hier auf den schneidenden Gegenstand angewandt.

2. oder 3. bst. *šeχp* 'trocken, nicht mürbe' spec. von der angeschnittenen Fläche des Brotlaibes, Spreng: *scherb oder scharf Bröt*; 4. *scharf* mit Reduction von urgerm. *pp* vor Consonant, s. Beitr. 12, 505; 5. bst. *šiχpfə* 'schürfen'

mhd. *schürpfen* *schürfen:* die Form mit *pf* verhält sich zu
der mit *f (= ff)* wie *reizen : reizen,* *pf* also das Product
zweimaliger Consonantendehnung (wie oben *schleipfen*, vgl.
auch o. §§ 64, 100). Sollte nicht auch nhd. *Scherbe* zu
dieser Sippe zu ziehen sein?

Stufe 3. und 5. stehn sich z. B. gegenüber in bst. *gammpɔ*
'(auf dem Stuhle) hin und herschaukeln' und *gīgammpfɔ* dass.

Vielfach sind mit Unrecht gut oberdeutsche Wörter wie
schnuppen, knūpe, schnappen, struppig, ruppig für nieder-
deutsch erklärt worden, weil man in ihrem Labial unverschobenes germanisches *pp* argwöhnte, während er doch
auf westgerman. *bb* zurückgeht. — Noch ein weiteres Wort
ist für das Obd. in Anspruch zu nehmen, welches man dem
Nd. zuzuteilen pflegte (Kluge et. Wb. s. v., Franck Anz. f.
d. A. 11): *verplämpern.* Es steht in unsern Maa. im Zusammenhang mit einer grossen Sippe (s. St. I 179, Seiler
S. 33): zu Grunde liegt *lammpɔ* 'schlaff herunterhängen' mhd.
lampen; daraus zunächst *blammpɔ*' baumeln, pendelartig
schwanken', *epįs blammpɔ lǭ* 'laisser aller quelque chose', und
weiter *blammpịg* 'schlaff', *blęmmpɔlɔ, blęmmpɔrɔ, blemmpɔrlɔ,
blęmpɣmmpɔr(l)ɔ* itr.: 'schlaff, unthätig sein, in Stillstand übergehen (vom Wagen, e. Maschine etc.)', mit *fɔr-* tr.: 'verwahr-
losen, versäumen, vergeuden'. Verwandt ist schweiz. *lŭmmpɔ*
m. 'Lappen' mhd. *lumpe,* bei welchem gleichfalls von Entlehnung aus dem Nd. nicht die Rede sein kann.

§ 121. Von combinatorischem Wandel wurde inlautend
b (p) betroffen:

a) in der Gruppe *mb:* *ụmm ụmmɔ* 'um, herum' mhd.
umbe umbhēr, *štŭmmḷ* 'Stummel' mhd. *stumbel,* *lŭmmḷ* 'Lenden-
stück des Schlachtieres' mhd. *lumbel* lat. *lumbalis,* *šwụmm*
'Schwamm, Pilz', mhd. *swamp swum*; *ịmmɔ* f. 'Biene' mhd.
imbe, *šįmmḷ* 'Schimmel' (s. Kluge et. Wb. s. v.), *įmmịs* m.
od. n. 'Mittag, Nachmittag', *sịmmịsɛ̨ssɔ* 'das Mittagessen',
tsịmmịs 'Mittags, Nachmittags' mhd. *imbiz.* Auch *hemmɔlị* n.
'Hemd' geht wohl zunächst auf **hemb(e)li* zurück, vgl. mhd.
hempli, K *hæmmplị;* in der Gruppe -*mdl*-, die sich isoliert
wohl nur in diesem Worte findet, scheint die Angleichung
des Dentals an *m* lautgesetzlich eingetreten zu sein. Hieher

noch *sįmmǝr* 'sind wir' und 'sind mir, seid mir' < *sind mir*, Zwischenstufe *simb mir, und all die übrigen Plurale dieser Art.

Die Gruppe -*mb*- ist erhalten in *dįmmbǝr* 'dämmerig' mhd. *timber*, bei Graff V 428 *timbar* unterschieden von *dēmar*; *baχ-bųmmbǝlǝ* neben *baχ-bųmmǝlǝ* 'caltha palustris' (L *bachbųmbe*), möglicherweise eine alte Umformung des ursprünglichern *bachbunge(le)* mit Anlehnung an die Sippe, die in mhd. *bumbeln* 'baumeln', bst. *bammplǝ* 'baumeln, pendelartig schwingen' vertreten ist. Vermutlich hat sich in den beiden Wörtern das *b* d a n n lautgesetzlich erhalten, wenn der folgende Vocal im Satzgefüge verstummte und *b* unmittelbar vor -*r*-, -*l* trat. Nur antevocalisch scheint *mb* > *mm* geworden zu sein, weder vor Consonant noch im Auslaut. Eine Urk. von 1409 weist auf *zimmermans*, *ɔmme*, *vmmevangen* aber 3 mal *durɔmb*, worin sich das lautgesetzliche noch ungestört zeigt. Gewöhnlich ist Ausgleichung eingetreten.

§ 122. b) in manchen Formen der Verba 'haben' und 'geben'. Bei ersterem ist es nur die eine der beiden Formen des Conj. und Imper., welche *b* noch bewahrt hat. Die Flexion ist folgende:

Indic.	*ha*	*gįb*	Inf.	*ha*		*gę̄*
	hešх	*gįšх*	Imp.	*haig* oder *hę̄b*		*gįb*
	het,	*gįt.* ·		*haigǝ — hę̨nnd*		*gę̨nnd*
	hę̨nnd	*gę̨nnd*		(*hę̄bǝ*)		
Conj.	*haig* o. *hę̄b*	fehlt	Part.	*ẞa*		*gę̨*
Cond.	*hę̨t*	*gę̄b*				

vgl. urk. 1282 *het gen*, 1295 *sol er . . . gen, so gen wir*, 1303 *ʒe gende* u. a.; gleichzeitig aber auch die vollen Formen *geben, gigebin, ʒe gebende.*

Es kann sich fragen, ob in all diesen Formen das Verstummen des *b* lautgesetzlich war, oder ob es in einige analogisch hineingetragen wurde. Da die beiden Verben in ihrer Flexion zu keinem andern Verbum ganz stimmen und daher nicht leicht nach einem andern sich richten konnten, ist die erstere Annahme die wahrscheinlichere. Wiederum ist es die s c h w a c h t o n i g e Satzform, welche (nicht ohne Schwanken, wie die Denkm. zeigen) verallgemeinert worden ist. Daher der Unterschied gegen *lębə* 'leben', *hębə* 'halten' etc., welche ihr *b* in allen Formen zeigen. Daher auch der Quantitätsunterschied zwischen *gist git* und *list lit* (o. S. 47): bei letzterem ist es eine Summierung der verschiedenen Articulationen, die bei jedem Satzton eintreten musste; bei ersterm eine Reduction der ursprünglichen Articulationen, die an den Schwachton gebunden war. Ganz analog steht der Plur. *hęnnd gęnnd* dem *ksęnd kšęnd* ('sehen, geschehen'), der Inf. und das Part. *ha ḱa gę* aus *han gehan, gęn gegęn* dem *ksę kšę* aus *gesên geschên* gegenüber. Alte Vocallänge bildete sich eben nur, wo nach Ausfall des Cons. zwei Vocale zusammentraten, also in *sē(h)en geschē(h)en* > *sên geschên*, während *haben gēben* offenbar unter Einfluss des Schwachtons zunächst zu *habn gēbn* (dann zu *hamn gēmn?*) wurden, sodass zu einer Vocalverschmelzung keine Möglichkeit mehr war. — Soviel ich aus den vorliegenden Darstellungen ersehe, setzt die Mehrzahl der Schweizermundarten einstiges *han gehan gēn gegęn* mit Vocalkürze voraus; auch *gist git* (doch nach Winteler S. 151 in Eichberg, St. Gallen *gĭd* < *git*, entsprechend in S; lautgesetzlich oder analogisch nach *lĭt?*). In den mhd. Denkmälern ist jedenfalls, wo nicht der Reim es fordert, nicht ohne Weiteres *hân gehân hâst hât hânt, gēn gegēn gîst git gēnt* zu schreiben.

§ 123. c) Einige weitere einzelstehende Fälle von Assimilation des *b* (*p*) an den benachbarten Laut: *nįmmə* 'nicht mehr' aus *nit mēr*, Zwischenstufe **nipme:* im Starkton hätte letztere Form sich erhalten müssen, wie *bǫpmįgə* Dorfname Bottmingen urk. 1275 *Henricus dictus der Botheminger;* gleich zu beurteilen ist *gįmmər* 'gieb mir, (ich) gebe mir', jedenfalls durch sehr alte Tradition übermittelt, indem die Vocalkürze noch bewahrt ist; bei *hębmər, blĭbmər* etc. ist keine verschmelzene Form vorhanden. Auch an *tsŭəm, fǫrm* etc. < *zuo d(e)me, vor d(e)me* (s. o. § 97), mit Assimilation des *d* an *m*, möchte hier zu erinnern sein.

Eigentümlich ist *sęllə* 'jener' < *sëlber:* dieser Ursprung kann nicht bezweifelt werden, da daneben in gleicher Bedeutung auch *sęllbə* gebräuchlich ist; so auch in L, woselbst

noch eine weitere Form *sçb*, die gerade die umgekehrte
Wirkung des Schwachtons zeigt.

§ 124. Für die Aussprache des labiodentalen
Reibelauts *f* von Bst. gilt genau das von Winteler A. I
§ 7 1 Bemerkte. — Der Punct verdient Beachtung, dass vor
f durchweg der labiale, nicht der dentale Nasal erscheint:
fĭmmf '5' mhd. *vünf vümf, tsỹmmft* 'Zunft' mhd. *zunft zunft,*
sammft 'sanft' mhd. *sanfte sumfte, ķĭmmftĭg* 'künftig' mhd.
künftic kümftic; rammpf 'Ranft am Brote' mhd. *ranft ramft*
(wegen *pf* s. u. § 126). Notker hat hier noch überwiegend
m (Braune ahd. Gram. § 123 Anm. 1); sollte die häufige
mhd. Schreibung *n* wirklich für die Entwicklung *m > n >*
m auf unserm Gebiet beweisen können? Secundär durch
Vocalschwund entstand *mf* aus *n + f* in *hammpf* 'Hanf'
mhd. *hanef; sęmmpf* 'Senf' mhd. *sĕnef, jęmmpf* Genf frz.
Genève, in der modernen Form *gęmmf*. Da das entschieden
labiodentale *f* diese Wirkung auf den vorausgehenden Nasal
hat, kann der Schluss auf bilabiale Natur des got. und ahd. *f*
(Brugmann Grdr. § 342, Braune a. a. O.) kaum als unan-
fechtbar gelten.

§ 125. Die Lenis *f* setzt westgerm. *f* fort im Anlaut
und Inlaut. Für inl. *f* kenne ich aus Bst. folgende Fälle:
fĭmmf '5' mhd. *vümf, ellf* '11' mhd. *eilf, tswellf* '12' mhd.
zwelf wǫllf 'Wolf' mhd. *wolf, gaifər* 'Geifer' mhd. *geifer,*
hafə 'Topf' mhd. *haven, ķaflə* bezeichnet das hörbare Nagen
der Mäuse, sodann 'sudeln, pfuschen, drauf los schwatzen'
(St. II 80) zu mhd. *kaf* 'Getreidehülse' (s. D. Wb. V 18),
ķęfər 'Käfer' mhd. *ķĕver, ķĭfļ* 'Kiefer' mhd. *kivel; rĕf* n.
'zänkisches, keifendes Weibsbild' wohl ahd. *hrĕf* 'Bauch,
Mutterleib', *šnĕflə* 'schneiden' (o. § 120), *šwĕfļ* 'Schwefel' mhd.
swĕvel, wĕfərə 'in ruheloser, fieberhafter Bewegung sein' s.
mhd. *wĕfern wĕbern wabern; dĭfĭg* 'hurtig, routiniert' (St. I
282 *diffig*), *rĭfə* f. 'Schorf, Hautausschlag' mhd. *rufe, šĭfər*
'Schiefer' mhd. *schiver, šĭfərĭg* 'klebrig' (o. § 120); *hŏf* 'Hof'
mhd. *hof, maχkχŏfəlannd* 'Markgrafenland (Baden)' *maχkχĕflər*
'Markgräfler' zu mhd. *grâve, gŭfə* f. 'Stecknadel' mhd. *gufe*
glufe. In Fremdwörtern: *dafələ* 'Tafel, eingerahmtes Bild' etc.
mhd. *tavele, ķĕfĭ* 'Käfig' mhd. *kevie, gŭfərə* oder *gŏfərə* f. ein

Gebäck (s. Id. II 131) aus frz. *gaufre, gammfər* 'Kampfer'
mlat. *camphora.*

Dagegen ist romanisch *f, v* durch Fortis *ff* ersetzt in
pχị ẹff 'Brief, Tüte', *Kaffị* 'Cafe', *wiff* 'lebhaft' frz. *vif, jẹmmpf*
Genève. (Bei Fr. Ryff *Boffy* Pavia.) Schwanken zwischen *f*
und *ff* in *pχaf* 'brav' *pχẹfị* f. 'Bravheit', *šọfš* 'schofel'.

Rätselhaft ist mir die Fortis in *hụẹff, hụẹffšə* etc. 'Huf,
Hufeisen' mhd. *huof huoves.*

m.

§ 126. Die Verteilung von *m* in der lebenden Mundart ist dieselbe wie bei *n, l*: Fortis *mm* nach starktonigem
kurzem Vocal, an allen andern Stellen Lenis *m.*

Aus mhd. *m* ist wegen veränderter Silbentrennung in
manchen Wörtern *mm* geworden, s. o. § 43. Zu den dort
genannten auch noch *tχịmmlə* 'schwindeln', *tχịmmlig* 'schwindlig'
zu mhd. *drumel* (vgl. D. Wb. II 1457).

Zwischen *m* und der Fortis *ff* wird der Übergangslaut
p articuliert: *hammpf* 'Hanf', *sẹmmpf* 'Senf' mhd. *sënef*,
jẹmmpf 'Genf', *rammpf* 'Ranft' Spreng *Rämpfete.* Entsprechendes sahn wir bei *n, l + šš* (o. § 32), *w + šš, t*
(o. § 68). — Weniger markant ist diese vermittelnde Articulation zwischen *m* und *t*, z. B. *kχọmpt* 'kramt', indem Stimmton und Senkung des Gaumensegels zwar auch hier aufgegeben werden, bevor die *t*-stellung eingenommen ist, wegen
des rasch folgenden Zungenverschlusses aber die Explosion
des *p* schwächer ist. Doch besteht der Übergangslaut für
das Sprachgefühl, wie Schreibungen *nimpt, kumpt, krompt,*
nempt, genampt, sturmpt darthun.

§ 127. Dagegen hat sich das *m* dem folgenden Den-
tallaut angeglichen in manchen Formen von 'kommen' und
'nehmen'. Diese flectieren in Bst. folgendermassen:

			Inf.	*kǫ*	*nę̣*
Ind.	*kųmm*	*nįmm*			
	kųnntš	*nįmmšš*	Imp.	*kųmm*	*nįmn*
	kųnnt,	*nįmmpt,*		*kemmə*	*nęmmə*
	kemmə	*nęmmə*	Part.	*kǫ*	*gnǫ̣*
Conj.	fehlt				
Cond.	*kę̣m*	*nę̣m*			
	(kę̣mt(į))	*(nę̣mt(į))*			

Vgl. R. q. 1339 u. ö. *kunt*, P. G. 8. 9 f. der Ausg. *lon : ston : kon, gen : spen : nån*, FP. *genon : verstohn*.

Das *n* entstand, wo bei schwachtoniger Stellung der Vocal der Endung in früher Zeit ausfiel, sodass *m* unmittelbar mit dem folgenden *t, št, n* zusammentraf. Im Indic. von 'nehmen' hat sich die 2. 3. Sing. vielleicht secundär nach der ersten Person gerichtet; daher der Gegensatz gegen die entsprechenden Formen von 'kommen'. In andern Mundarten z. B. K sehen wir *nįnnšt nįnnt* wie *χųnnšt χųnnt* (Winteler S. 160); dort hat ausserdem der Plur. Ind. das stammhafte *m* dem *n* der Endung assimiliert und ist damit in die Reihe der verba contracta getreten. Auch in Bst. hat diese Entwicklung einmal stattgehabt; wenigstens bietet P. G. mehrere *nend* 'nehmt', auch im Reim *behend(e) : nend(e)*. Nach dem Sing. konnten aber die uncontrahierten Formen immer wieder hergestellt werden (vgl. den entsprechenden Vorgang o. § 116). So schuf man auch zu dem Indic. einen neuen Inf. *nemmen*, in den Denkm. häufig (wegen der Fortis *mm* vgl. o. § 43), welcher als *nęmmə* neben dem gewöhnlichen *nę̣* auch heute bei manchen, bes. ältern Leuten fortlebt.

Das gekürzte *nēmen* ergab, wie das offene *e* unsrer Form *nę̣* beweist, ein *nēn* mit Vocalkürze, wie auch *haben* > *han, gēben* > *gēn* (o. § 122). Darnach wird auch in *kǫ*, aus dessen Vocal sich kein Schluss ziehen lässt, die Länge erst durch die allgemeine Vocaldehnung eingetreten sein.

Anmerkung. Auch in Bst. finden sich die Formen *fųftsę̣, fųftsįg* '15, 50' mit dem ganz alleinstehenden Ausfall des *m* (oder *n*, s. o. § 124).

§ 128. Der Übergang des *m* zu *n* im Auslaut der starktonigen Silbe (Weinhold al. Gr. § 203) hat in Bst. keine

Spur hinterlassen, indem überall von der silbenanlautenden Stellung her *m* wieder durchgeführt wurde; auch in *(də)haim* '(da)heim' (vgl. K u. a. *hæi*).

Im Auslaut der schwachtonigen Silbe ist *m* gleichfalls zu *n* geworden und dann zugleich mit den schon bestehenden -*n* verstummt. Jedoch zeigt sich -*m*, obwohl in schwachtoniger Silbe, erhalten in *fędṇlį* 'Füdchen', *bʃṃlį* 'kl. Besen', *bẹ̄dṇlį* 'kl. (Ileu)boden'. Diese Wörter gaben das Vorbild ab für Schöpfungen wie *welldṇlį* 'Wäldchen', *lędṇlį* 'kl. Laden', *ʀetṇlį* 'Kettchen'. — Das auslautende -*m* der dat. plur.-Endung steckt noch in den jedenfalls sehr alten Bildungen *eʃʃəmər* 'aus dem Quartier Äschen' (urk. 1316 *portam dictam Esche-mentor*), *ʃtainəmər* 'aus dem Quartier Steinen', *ʃpaləmər* 'aus dem Quartier Spalen' (zu altem *spale* f. 'Querholz Zimmerbalken'): diese Quartiernamen sind als *ze eʒʒiskum, ze steinum, ze spalum* aufzufassen, erstarrte Dativformen gleich den Ländernamen; die Ableitungen davon müssen in die Zeit zurückreichen, da -*m* noch nicht zu -*n* geschwächt war. Analog bildete man dann auch *dallbəmər* 'aus dem Quartier St. Alban', *sanntį hannsəmər* 'aus dem Quartier St. Johann'. Ferner stand neben *ʃǫpfə* 'Schopfheim' ein *ʃǫpfəmər* 'Schopfheimer', neben *mī̆lə* 'Müllheim' ein *mīləmər* 'Müllheimer', neben *blǭtsʀə* 'Blotzheim' ein *blǭtsəmər* 'Blotzheimer' u. s. w. Nach diesen beiden Vorbildern spricht man nun auch, besonders in Verbindung mit dem Diminutivsuffix und dementsprechend mit einer leisen depreciierenden Bedeutungsfärbung: *glaibasləmər* 'Kleinbasler', *lįaʃtləmər* 'Liestaler', *lē̆xəmər* oder *lē̆xləmər* 'Lörracher', *fxī̆bū̆xkləmər* 'Freiburger'; *fxʀįaʃtxʀ̨ssləmər* 'Anwohner der Freiestrasse'; *fapxįkləmər* 'Fabrikarbeiter', *ʀxʃ̆tləmər*, *tsʀraitləmər* etc. 'Schüler der ersten, zweiten etc. Klasse'.

§ 129. Silbebildendes *ṇ* ist in der Ma. ziemlich häufig: das schwachtonige *ṇ* 'ihm' (emphatisch *īm*), der Dativ des bestimmten Artikels *ṇ* (neben *am jm*, s. o. § 97), die obengenannten *fędṇlį* 'Füdchen' etc., die Dativendung der starken Adjectivflexion: *mṛ̃əgṇ* 'manchem', *epəṇ* 'jemandem', *nįəmətsṇ* 'niemandem' u. s. f. Auch hier wie bei *n* und *l* tritt für *m* + *ṇ* die durch die vocalische Mundweitung unterbrochene Verbindung *məm* ein, z. B. *įn wŏrməm wassər* 'in warmem Wasser'.

Sonantisches η findet sich ferner in der Verneinungs-
und Bejahungspartikel, welche in gemütlicher, nachlässiger
Rede als Vertretung von *nai* 'nein', *jǒ*, *jε̨* 'ja' vom Sprachgebrauch sanctioniert ist. Die Aussprache derselben ist eine
doppelte, beide mit Ruhelage des Ansatzrohres: entweder
ist der Mund geöffnet — dann wären sie als *ə'ə* ('nein') mit
haupttoniger erster Silbe, die durch Kehlkopfverschluss von
der zweiten getrennt ist, resp. als *əhə* ('ja') mit Hauptton auf
dem zweiten *ə* und Aussetzen des Stimmtons zwischen den
beiden Silben zu transscribieren; oft ist der Nasenraum nicht
völlig abgeschlossen, sodass die ganze Gruppe leicht nasaliert
wird. Oder aber die nämlichen Verbindungen werden mit
geschlossenen Lippen und gesenktem Gaumensegel hervorgebracht (vgl. Sievers Phon. S. 134): sie sind dann als *η'η*
('nein') resp. *ηMη* ('ja') mit *M* = stimmlosem *m* zu bezeichnen, wobei der exspiratorische Accent gleich verteilt
ist wie oben. Wesentlich trägt die musikalische Betonung
zur Characterisierung der beiden gegensätzlichen Gruppen
bei: das verneinende *ə'ə*, *η'η* lässt die Stimme auf der
zweiten Silbe sinken, das bejahende *əhə*, *ηMη* lässt sie
steigen; das Intervall ist je nach der augenblicklichen psy-
chischen Funktion der Gruppen mannigfach verschieden.

§ 130. Das *w* von Bst. ist labiodentaler Sonorlaut.
Vorausgehende Dentallaute bleiben im heutigen Sandhi, soviel ich sehe, unverändert. Die ältern Labialisierungen derselben sowie der Übergang des inlautenden *w* zu *b* deuten
daher wohl auf einstige bilabiale Aussprache des *w* zurück,
welche in den nördlichen aleman. Mundarten noch herrscht
(Mankel S. 7, Heimburger Beitr. 13, 215). Vgl. hiefür bst.
epər 'jemand' < *etwēr*, *hammpəχəmā* < *hantwērc(s)man*;
bamməχt < *bamwart*; bld. *Ammel* Dorfname urk. 1276 *Amwil*;
so auch bei Brandstetter S. 233 *hirnmüetig* < mhd. *hirn-
wüeter*, mit wiederhergestelltem -*n* nach dem einfachen *hirn*.
Gutturaler Laut findet sich angeglichen in *immbar-gęssli* Strassenname < *ingwer-*, vielleicht in *apá* < *aχwá* (o. S. 57 Note).

An folgenden Nasal ist *w* assimiliert in *nιmmə* 'nur' <
niuwan mēra (oder einfach aus *niuwan*? vgl. Weinhold
mhd. Gr.² § 178).

w > *b* haben wir in *müxp* 'mürbe' mhd. *mürwe, fáxp*
'Farbe' mhd. *varwe, gɫxpər-gass* Strassenname < *gerwer-;*
(ēxpsəlį n. 'Sauerdorn' nach Id. I 433 Vermengung von *ber-*
beris und *erweiz;)* *ɼįllbį* 'Kirchweih' R. q. 1387 *kilwin; špįmm-*
bųpe f. 'Spinnwebe' zu mhd. *wûppe* (*b* hier auffallend, vgl.
oben *nw* > *mm*). Dazu die Ortsnamen im benachbarten
Solothurn und Bld. (ich gebe sie nach der Aussprache von
Bst.): *sēbə* Seewen urk. *Sewen, hōbɫ* officiell [1] Hochwald urk.
1226 *Homwalt, braibɫ* Beinwyl urk. 1363 *Beinwilr* (hier und
im vorigen *w* > *b*, nachdem -*n* davor verstummt war, darum
der Gegensatz gegen *Anwil* > *ammɫ* s. o.), *pxɛtspɫ* Bretzwyl
urk. 1230 *Bretzwilre* u. a. m.; dagegen *āxpətšwɫl* Arboldswyl,
allšwįl Allschwyl mit Haupton oder Nebenton auf der letzten
Silbe und darum erhaltenem *w*.

Überall sonst kennt die Ma. keine Spur mehr von inl.
w; vgl. *bçwələ* 'Baumwolle' urk. 1347 *Bauweler* n. pr., *kxaiɫ*
'Kralle' mhd. *kröuwel;* der Schwund erfolgte, bevor das Gesetz
von der Diphthongierung des antevocalischen *ī* wirkte, darum
hɛįɫ 'Strupphaar' mhd. *hiuwel* (Zwischenstufe *hīįel*), *šnįə*
'schneien' mhd. *snîwen.*

Aus diesem Material, welches nur wenige isolierte
Formen enthält, scheint sich die Regel zu ergeben, dass *w*
im Anlaut der schwachtonigen Silbe zu *b* ward, ausser wo *u*
oder assimilationsfähige Consonanten vorausgiengen. Nur *špįmm-*
bųpə, mit Starkton (Nebenton) nach *w*, fügt sich dem nicht.
In *ɛwig* 'ewig', wofür Bld. *ebig*, wahrscheinlich Annäherung
an die Lautform der Schriftsprache. — Im Wortauslaut ist
w lautlich verstummt und diese Form dann vielfach verallgemeinert worden. So in *gēɫ* 'gelb' mhd. *gël gëlwes* und den
verwandten Fällen (nhd. *fahl, kahl*), woselbst für das lautgesetzliche *gēlo* in Angleichung an die Formen mit Endung
schon früh *gēlw* > *gēl* eingesetzt worden war.

---

[1] Einer der Fälle, da die officielle Namensform eine Lautgebung
zeigt, welche das betr. Wort zu keiner Zeit thatsächlich besass; so
noch *Bennwyl* urk. *Bendewilr* gesprochen *bemmbɫ, Reigoldswyl* urk.
Rigoltswilr von den Bewohnern gesprochen *rɛgətšwįl, Langenthal* urk.
Langatun, Gelterkinden und *Känerkinden* urk. auf -*ingen.* Oft wirkt
die Schreibung aber auf die Aussprache zurück.

In der Verbindung *kw* (*χw*) scheint *w* im Aleman. lautgesetzlich geschwunden zu sein, vgl. Winteler S. 52 und bei Fr. Ryff *erkichtz* 'erquickte es'. Dagegen für bst. *k̓itənə* 'Quitte' schon ahd. *chutina*; *git* 'quitt' geht auf die moderne franz. Aussprache *k-* zurück. Die Wörter mit *gw* < *kw* in der heutigen Mundart sind offenkundige Lehnwörter aus der Schriftsprache: *gwǭl gwę̄lə* 'Qual, quälen', *gwellə* 'Quelle', *gwęt̓ə* 'quetschen', *gwęks̓illbər* 'Quecksilber'.

Die Erbwörter der Mundart kennen somit *w* nur als Anlaut der Starktonsilbe und in den Verbindungen *n̄w-* und *tsw-*.

BERICHTIGUNGEN UND NACHTRÄGE.

S. 2, Z. 18 v. u. lies Vertretung statt Vorschiebung.

Zu § 8. Beim Schriftdeutschsprechen kann man anlautend *p*, *t* vor Vocal vielfach von ältern Baslern als hauchlose Fortis *p*, *t* gesprochen hören, obwohl ja diese Laute der Ma. nicht geläufig sind.

Zu § 9. Offenbar sind manche der Lehnwörter mit schweizerischem (ungehauchtem) *p*, *t*, bst. *b*, *d* im Anlaut doch auch der deutschen Gemeinsprache entnommen, so z. B. *pass*, *pumpe*, *partei*, *papagei*, *peitsche*; *tinte*, *taler*, *tapete*, *tabelle*. Ist ja doch die aspirierte Aussprache von anl. *p* und *t* im Nhd. erst jüngern Ursprungs.

S. 10, Z. 14 v. u. und S. 11, Z. 3 v. o. lies *bętəl* statt *bętət*.

Zu § 22. Vgl. noch für diese Wirkung des Accents bst. *wās* 'was' aber als fragender Ausruf des Unwillens *wass*; so auch in andern Maa.

Zu § 23. Zur Bestätigung kann der von Brandstetter S. 264 angeführte Fall dienen: *'lose* hören auf, horchen hat kurzes *o*, so z. B. *los horcho!* Der Imp. hat aber auch speziell die Bedeutung „komm her und vernimm etwas", dann ist das *o* lang, *lōs !*' — In dem letztern Falle, wo die Bedeutung sich differenziert hat, ist das Wort dem Systemzwang nicht verfallen: daher die Bewahrung der ältern, vocallangen Form.

Zu § 30. *dḗχſə* 'dürfen' geht vermutlich auch auf -*rſſ*- mit Fortis zurück; die gemeinschweizerische Form ist *dörſſə (törſſə)*; *ſſ* durch *ſ*-dehnung.

S. 39, Z. 8 v. o. lies *njmmšš* für *njmmš*, *kṵnnts* für *kṵnnš*.

Zu § 48. Die Kürzung von *i ū* in gleichem Umfange, also nicht vor χ, zeigen ausser dem untern Bld. (Seiler S. 175, 286) noch Neudorf und Blotzheim im Elsass sowie Thumringen im Wiesental. Dagegen wird für Kembs i. E. Kürze auch vor χ angegeben, also wie im untern Elsass (Mankel S. 12). Kirchen in Baden soll die Länge durchaus bewahrt haben. Müllheim kennt die Kürzung nur vor *t* (*k*, *p*?), nicht vor den Reibelauten *ſſ*, *ss*, χ; so giebt es Seiler auch für das obere Bld. an. Selt-

samerweise habe ich diese selbe Verteilung von Kürze und
Länge auch bei einem guten Basler beobachtet. — Wie mir
Dr. A. Socin mitteilt, soll man auch in Bst. vor *χ* in manchen
Wörtern kurz *i̭*, *ṷ* sprechen hören, doch lange nicht in allen
einschlägigen Fällen.

S. 44, Z. 4 v. u. lies § 73 statt § 70.

Zu § 50. Kürzung vor -*nd* auch noch in *up-gę̆nndi̭g* adj. 'was
abgeht, ausgeschossen wird; ausgedient' < *génde* (Weinhold
mhd. Gr.² 37).

Zu § 52. Auch die Subst. *tsil* 'Ziel' mhd. *zil. špi̭er* 'Spur' mhd.
spor zeigen die auffallende Geschlossenheit des Vocals (so auch
bei Stickelberger S. 52), ferner *gi̭r, gi̭ri̭g* mhd. *gir, girec*; doch
sind sie über den Verdacht der Entlehnung aus dem Nhd. nicht
erhaben. In der Regel substituiert die Ma. freilich dem nhd. *ī*
i̭ mit grosser Sicherheit *i̭ i̭u* oder aber *i̭ə i̭ə*.

Zu § 55. Auch Kembs i. E., am Rhein 15 km. unterhalb Basel
gelegen, spricht unverschobenes *k* in allen in Frage kommenden Stellungen.

Zu § 91. Ganz analog spricht die Ma. von Ottenheim das geschlossene *e*, nicht aber das *o*, vor *r* in einer offneren
Qualität als vor allen andern Lauten; dabei ist ihr *r* stimmhafter alveolarer Zitterlaut (Heimburger Beitr. 13, 212, 215)

Zu S. 100. Bosshart in der mir soeben zukommenden Diss. über
die Flexionsendungen des schweiz. Verbums (Frauenfeld 1888)
nimmt an, dass die heutige Pluralendung -*ə(n)* nur auf -*en*,
nicht auf -*ent* zurückgehen könne, und lässt daher blos in den
Maa., die über den ganzen Plural das auslaut. -*t*, -*d*, zeigen,
Verallgemeinerung der Endung -*ent* eingetreten sein. Doch
gerät er damit in Widerspruch zu den Denkmälern. Und gerade in einem solchen Punkte ein so consequentes Abweichen
der Schriftsprache von der Volkssprache für jene Zeit anzunehmen, ist doch kaum zulässig. Es wäre zu prüfen, ob nicht
auch in den westschweiz. Maa. Analoga zu den in § 102 c)
aus Bst. gegebenen Fällen von Verstummen des ausl. -*nt* sich
finden liessen. Dann müsste auch hier die Annahme von lautlich berechtigten Satzdoppelformen eintreten. Übrigens mag
nicht blos das Folgen von Vocal oder Consonant sondern auch
die Stärke des Nebenaccentes mitgespielt haben. Am Ehesten
spricht für Bossharts Vermutung das Verhalten der einsilbigen
Plurale, welche in der westschweiz. Gruppe gleichfalls das -*t*
nur in der 2. Pers. zeigen. Doch verursachen hier wahrscheinlich die Formen der Denkmäler die gleiche Schwierigkeit wie
oben. Es liesse sich denken, dass die einsilbigen Plur. sich
erst nach den mehrsilbigen umformten, indem das -*t* als specielle
Endung der 2. Person empfunden wurde. Für die Pluralbil-

dung der Walliser Maa., welche eine ursprünglichere Gestaltung aufweist als Notker, dürfen wir gewiss mit Bosshart andre Grundformen ansetzen. — Aus Weinhold al. Gr. § 342, wo verschiedene Sprachgebiete und -perioden durcheinander gehn, ergiebt sich für unsere Frage wohl nur das Eine, dass die Formen auf -en früher und allgemeiner im Norden, im Elsass zur Geltung kommen als im Süden; das lautliche Verstummen des -t hätte also dort seinen Anfang genommen.